英検ランク順 英検®3級 英単語 1350

単語＋熟語・会話表現

Gakken

はじめに

最新の出題データを徹底分析し，本当に役に立つ情報だけをまとめた『ランク順』シリーズは，シリーズ累計460万部を超えるベストセラーになりました。

このたび『ランク順』から英検シリーズを刊行するにあたり，過去7年分の英検過去問をテキスト化した膨大な語数のデータベース（コーパス）を作成し，筆記問題からリスニングテストのスクリプト（台本）までを徹底分析しました。これにより，過去の傾向から本当に「出る」単語・熟語だけを，本当に「出る」使い方で学習することができます。

単語を学習することは，英検合格のための第一歩です。英検では，小・中学校の勉強や高校入試対策ではあまり見かけない単語も出題されます。出題されやすい単語の意味や使い方を，本書を使って効率よく学習しましょう。

また，単語・熟語に加えて，英検でよく出題される会話表現をまとめたページも収録しています。会話表現は筆記問題だけでなく，リスニングテストでも出題されます。よく出る会話表現の意味や使い方，また発音を確認しておきましょう。

さらに，モバイル学習に便利なダウンロード音声や，クイズ形式で手軽に単語・熟語を確認できるWebアプリも提供しています。これらの機能も活用して，いつでもどこでも英検の対策をすることができます。本書がみなさんの英検対策学習の心強いパートナーとなり，合格・得点アップの手助けになることを心より願っています。

Gakken

CONTENTS

ランク順英検3級英単語1350

この本の特長と使い方

英検の過去問を徹底分析

過去7年分の英検の過去問を徹底分析して，英検に出やすいものだけを厳選して収録しました。また，英検によく出る単語の組み合わせ（コロケーション）をもとに例文も作成していますので，本書を使って単語の学習をすれば，英検に合格するための単語力を最短ルートで効率よく身につけることができます。

覚えやすい品詞別掲載順

単語の学習は，関連のある単語どうしをまとめて覚えるのが効率的です。本書では，初めて英検を受験するみなさんでも無理なく単語の学習が進められるよう，覚えやすい品詞別の掲載順を採用しています。また，よく出る単語をまとめて覚えられるイラストページも用意しています。

頻出熟語もカバー

英検3級では，熟語の出題もあります。また，単語と同様に，筆記，ライティング，リスニングすべてにおいて熟語の理解が求められます。本書の熟語の章では，ランク順に熟語を紹介しています。熟語のすべてに例文を掲載しているので，より熟語の理解が深まる上，試験ではどのような文で使われているのかがわかります。

よく出る会話表現も収録

英検では，筆記試験に加えてリスニングテストでも，会話形式の問題が多く出題されます。本書では過去問の分析結果から，1350のよく出る単語・熟語に加えてよく出る会話表現も収録しています。表現の意味を覚えるだけでなく，実際にダウンロード音声を聞いて，会話表現に慣れておきましょう。

Webアプリ, ダウンロード音声つき

単語を学習する上で，意味を覚えることと同様に大事なのが音声を聞くことです。特に英検ではリスニングテストもあるので，単語の発音がわからなければ高得点を狙うことは難しいです。本書では，いつでもクイズ形式で単語・熟語の学習ができる音声つきWebアプリと，本書に掲載されている単語・熟語と会話表現の発音と訳を確認できるダウンロード音声（音声再生アプリとMP3ダウンロード対応）がご利用になれます(ダウンロード方法はp.42をご参照ください)。これらを活用して，英語を正しく聞き取れるようにトレーニングしておきましょう。

基本構成

覚えやすい！ 厳選された訳語

覚えておくべき最も重要な訳語を厳選し，暗記しやすくしました。

1見開き1音声ファイル

ダウンロード音声のトラックナンバーを表示しています。聞きたい単語がすぐに探せるように，1見開き1ファイルになっています。

発音記号

発音記号に加えて，参考用にカタカナでの発音表記も示しています。

よく出る用例を掲載

英検の過去問を徹底分析し，出やすい使い方を例文やフレーズで紹介しています。

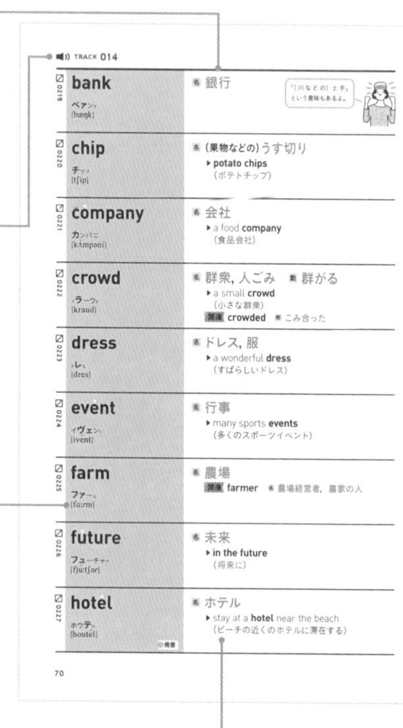

TRACK 014

0219 **bank** ベアンク [bæŋk]
名 銀行

0220 **chip** チップ [tʃip]
名 (果物などの)うす切り
▸ **potato chips**（ポテトチップ）

0221 **company** カンパニ [kʌ́mpəni]
名 会社
▸ a food **company**（食品会社）

0222 **crowd** クラーウド [kraud]
名 群衆，人ごみ 動 群がる
▸ a small **crowd**（小さな群衆）
関連 **crowded** 形 こみ合った

0223 **dress** ドレス [dres]
名 ドレス，服
▸ a wonderful **dress**（すばらしいドレス）

0224 **event** イヴェント [ivént]
名 行事
▸ many sports **events**（多くのスポーツイベント）

0225 **farm** ファーム [fɑːrm]
名 農場
関連 **farmer** 名 農場経営者，農家の人

0226 **future** フューチャァ [fjúːtʃər]
名 未来
▸ **in the future**（将来に）

0227 **hotel** ホウテウ [houtél]
名 ホテル
▸ stay at a **hotel** near the beach（ビーチの近くのホテルに滞在する）
発音

70

START 25% 50% 75% 100% 1350語

0228 **kitchen** キチン [kítʃin] つづり
名 台所
▶ a **kitchen** table（キッチンのテーブル）

0229 **mall** モーゥ [mɔːl]
名 ショッピングセンター

0230 **newspaper** ニューズペイパァ [njúːzpeipər] 発音
名 新聞

0231 **Thailand** ターイレァンドゥ [táilænd] つづり
名 タイ

まとめてCheck! 国・地域

日本	Japan	日本の	Japanese
タイ	Thailand	タイの	Thai
アメリカ	America	アメリカの	American
オーストラリア	Australia	オーストラリアの	Australian
カナダ	Canada	カナダの	Canadian
中国	China	中国の	Chinese
インド	India	インドの	Indian
アフリカ	Africa	アフリカの	African
韓国・朝鮮	Korea	韓国・朝鮮の	Korean

0232 **video** ヴィディオウ [vídiou]
名 ビデオ, 動画
▶ We are making a **video** for our website.（私たちはウェブサイト用に動画を作っています。）

71

到達バー

本書全体の中でどれくらい学習が進んでいるのかがわかります。

関連づけて効率学習

まとめてCheck! …同じ仲間の単語をまとめた表などを載せています。

関連 …関連のある単語を一緒に覚えられるよう，同じ意味や似た意味の単語，反対の意味の単語などを紹介しています。

熟語編

全熟語に例文を表示

熟語は使い方とともに覚えるのが効果的です。熟語編では，すべての見出し語に例文を示しています。また，ポイントの解説や関連語も充実しています。

TRACK 078

1174 **shake hands** 握手をする
▸ I **shook hands** with Bill.（私はビルと握手をしました。）

1175 **so many 〜** とても多くの〜
▸ **So many** people came to the park to see the fireworks.
（とても多くの人々が花火を見に公園へ来ました。）

1176 **so much** とても
▸ Thanks **so much** for your e-mail.（Eメールをどうもありがとう。）

会話表現編

会話全体の例も掲載

会話表現編では，英検でよく出る会話表現が学べます。どのように使われるのかがわかるように，各表現を使った会話の例を示しているので，理解が深まります。

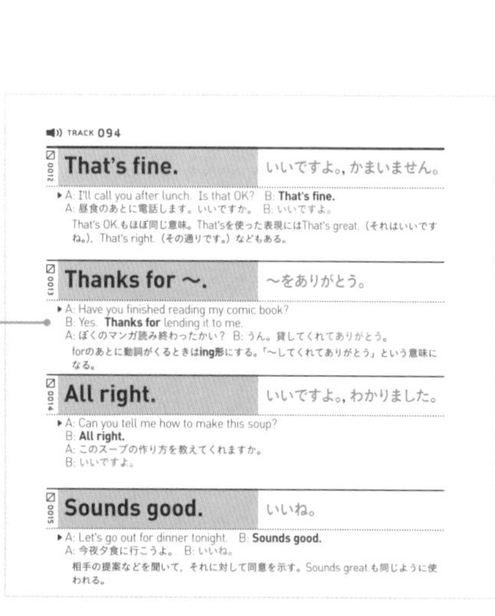
TRACK 094

0012 **That's fine.** いいですよ。，かまいません。
▸ A: I'll call you after lunch. Is that OK? B: **That's fine.**
A: 昼食のあとに電話します。いいですか。 B: いいですよ。
That's OK.もほぼ同じ意味。That'sを使った表現にはThat's great.（それはいいですね。），That's right.（その通りです。）などもある。

0013 **Thanks for 〜.** 〜をありがとう。
▸ A: Have you finished reading my comic book?
B: Yes. **Thanks for** lending it to me.
A: ぼくのマンガ読み終わったかい？ B: うん。貸してくれてありがとう。
forのあとに動詞がくるときは**ing**形にする。「〜してくれてありがとう」という意味になる。

0014 **All right.** いいですよ。，わかりました。
▸ A: Can you tell me how to make this soup?
B: **All right.**
A: このスープの作り方を教えてくれますか。
B: いいですよ。

0015 **Sounds good.** いいね。
▸ A: Let's go out for dinner tonight. B: **Sounds good.**
A: 今夜夕食に行こうよ。 B: いいね。
相手の提案などを聞いて，それに対して同意を示す。Sounds great.も同じように使われる。

この本の記号と表記

語形変化

単語の変化形は，不規則なもの，注意を要するものを表示してあります。

過…動詞の過去形と過去分詞を，次の順に表示しています。

過 過去形 [過去形の発音] ー 過去分詞 [過去分詞の発音]

(過去分詞の発音は，過去形と同じ場合は省略しています。)

比…形容詞・副詞の比較級と最上級を，次の順に表示しています。

比 比較級 ー 最上級

3単現…動詞の３人称単数・現在形を表します。

ing形…動詞のing形を表します。

品詞

名…名詞（または名詞の働きをする語句）	代…代名詞	形…形容詞	接…接続詞
	動…動詞	副…副詞	間…間投詞
	助…助動詞	前…前置詞	略…略語

発音記号

発音記号は，教科書や辞書によって表記が異なる場合があります。発音が米・英で異なる場合は米音だけを，複数ある場合は主要なものだけを表示しました。

また，本書ではカタカナによる発音表記も示していますが，英語の発音をカタカナで正確に表すことは困難です。発音記号に慣れるまで，発音のめやすとして参考にしてください。なお，太字は強く読む部分を表しています。アクセント位置に▼のマークをつけているので，アクセントもしっかり覚えましょう。

英検3級の試験について

実用英語技能検定（英検）は，文部科学省後援の検定として人気があり，入試や就職でも評価されています。ここでは，英検３級を受験する人のために，申し込み方法や試験の行われ方などをくわしく紹介します。

試験は筆記とリスニング

3級の試験は**筆記試験50分**，**リスニングテスト約25分**の合計約75分です。筆記試験が終わると，2分ほどの準備時間のあと，すぐにリスニングテストが行われます。

記述式の英作文問題以外の筆記試験と，リスニングテストの解答はマークシート方式です。リスニングテストの解答時間は，１問につき約10秒与えられます。

自宅の近くや学校で受けられる

英検は，全国の多くの都市で実施されています。申し込み方法にもよりますが，だいたいは自宅の近くの会場や，自分の通う学校などで受けられます。

試験は年3回実施される

3級の一次試験は，**6月**（第1回）・**10月**（第2回）・**1月**（第3回）の年3回行われます。申し込み受付の締め切りは，試験日のおよそ1か月前です。

二次試験（面接試験）は一次試験の約1か月後に実施され，一次試験に合格した人だけが受験します。

試験の申し込み方法

団体申し込みと個人申し込みがある

英検の申し込み方法は，学校や塾の先生を通じてまとめて申し込んでもらう**団体申し込み**と，自分で書店などに行って手続きする**個人申し込み**の２通りがあります。中学生・高校生の場合は，団体申し込みをして，自分の通う学校や塾などで受験することが多いです。

まず先生に聞いてみよう

中学生・高校生の場合は，自分が通っている学校や塾を通じて団体申し込みをする場合が多いので，まずは英語の先生に聞いてみましょう。

団体本会場（公開会場）申し込みの場合は，先生から願書（申し込み用紙）を入手します。必要事項を記入した願書と検定料は，先生を通じて送ってもらいます。試験日程や試験会場なども英検担当の先生の指示に従いましょう。自分の通う学校や塾などで受験する「準会場受験」の場合，申し込みの際の願書は不要です。

個人で申し込む場合は書店・コンビニ・ネットで

個人で受験する場合は，次のいずれかの方法で申し込みます。

■ 書店で申し込む

英検特約書店（受付期間中に英検のポスターを掲示しています）に検定料を払い込み，「書店払込証書」と「願書」を英検協会へ郵送する。

■ コンビニエンスストアで申し込む

店内の情報端末機から直接申し込む。（くわしくは英検ウェブサイトをごらんください。）

■ インターネットで申し込む

英検ウェブサイトから申し込む。

3級のレベルと合格ライン

3級は「身近な英語」レベル！

日本英語検定協会の審査基準によると，英検3級は「身近な英語を理解し，また使用することができる」レベルです。

配点は3技能均等！

リーディング・ライティング・リスニング，それぞれの技能で問題数は異なりますが，スコアの配点は均等になります。各技能ごとにスコアが表示され，その合計が合格基準スコアに達していれば合格です。

試験では「語い・文法力」「読解力」「作文力」「聴解力（リスニングの力）」といったさまざまな英語の力が総合的に試されます。苦手な分野をつくらないように，それぞれの力をバランスよく身につけておくことが大切です。

解答はマークシート方式と記述式！

英作文問題以外の解答は，4つ（リスニングテストの第1部は3つ）ある選択肢から1つを選び，解答用紙（マークシート）のその番号の部分をぬりつぶすマークシート方式です。試験では次の点に注意しましょう。

・HBの黒鉛筆を使うこと（シャープペンシルも使用可とされています)。ボールペンや色鉛筆は使えません。
・機械で読み取れるように，はっきりとぬりつぶすこと。
・まちがえてマークしてしまったときは，消しゴムできれいに消してから，新しい解答をマークすること。

英作文問題は記述式です。解答用紙の指定された枠内に，決められた語数で英文を書きます。自分が書ける単語や構文を使って，正確に自分の考えを伝えるようにします。はっきりわかりやすい字を書くように意識しましょう。

英検攻略アドバイスと本番スケジュール

単語数は教科書よりグーンと多い！

3級では中学の英語の教科書には出てこない単語や熟語も出てきます。本書で扱っている単語や熟語はしっかり覚えておきましょう。

リスニング・スピーキングの対策を！

英検では読む・書く・聞く・話すの4技能が総合的に試されます。本書のダウンロード音声などを活用して，リスニングやスピーキングのトレーニングもしておきましょう。

一次試験　本番スケジュール

① 当日は一次受験票兼本人確認票を必ず持参しましょう。
② 自分の受験する教室を確認し，着席します。(**受験番号によって教室がちがう**ので，よく確認しましょう。また，お手洗いは混雑するので早めに行きましょう。)
③ **問題冊子**と**解答用紙**が配られます。
④ 受験者心得の放送の指示に従って，解答用紙に**必要事項**を記入します。
⑤ 試験監督の合図で筆記試験開始！

3級の出題内容

筆記試験

大問1　空所に入る適切な語句を選ぶ問題

短い文や会話を読んで,（　　）に適する語句を選ぶ問題です。おもに単語力と文法の知識が問われます。

大問2　空所に入る適切な英文を選ぶ問題

会話文を読んで,（　　）に適する文や語句を選ぶ問題です。会話の流れを読み取る力と，会話表現の知識が問われます。

大問3　長文を読んで答える問題

長文を読んで，その内容についての質問に対する答えを選ぶ問題です。読解力が問われます。A，B，Cの3つの形式があります。

Aでは掲示などの短い「お知らせ」の文章，Bでは「手紙」または「Eメール」のやり取り，Cではまとまった量の長文を読みます。

大問4　英作文問題

与えられたQUESTIONに対して，自分の考えとその理由を英語で書く問題です。指定された条件に合っているか，質問文を理解し，それに対応した答えになっているかが問われます。

リスニングテスト

第1部　適切な応答を選ぶ問題

A→B→Aの短い会話を聞いて，それに対するBの応答として適するものを，放送される選択肢から選ぶ問題です。問題冊子に印刷されているのはイラストだけで，応答の選択肢も放送で読まれます。（英文と選択肢は1度しか読まれません。）

第2部　対話についての質問に答える問題

A→B→A→Bのやや長い会話と，その内容についての質問を聞いて，質問の答えを選ぶ問題です。問題冊子には選択肢が印刷されています。（会話と質問は2度読まれます。）

第3部　英文についての質問に答える問題

やや長い英文と，その内容についての質問を聞いて，質問の答えを選ぶ問題です。問題冊子には選択肢が印刷されています。（英文と質問は2度読まれます。）

パパっと整理！

英検によく出る語形変化と重要単語

ここでは，英検 3 級でよく出る不規則動詞の変化形を紹介しています。また，英検 3 級によく出る単語を表やイラストでまとめています。効率よく単語を頭に入れましょう。

1. 不規則動詞の過去形・過去分詞

① A－B－B型…過去形と過去分詞が同じ形のもの

原形	過去形	過去分詞	意味
bring	**brought**	**brought**	持ってくる
buy	**bought**	**bought**	買う
catch	**caught**	**caught**	つかまえる
feel	**felt**	**felt**	感じる
find	**found**	**found**	見つける
have	**had**	**had**	持っている
hear	**heard**	**heard**	聞こえる
keep	**kept**	**kept**	保つ
leave	**left**	**left**	去る
lose	**lost**	**lost**	失う
make	**made**	**made**	作る
mean	**meant**	**meant**	意味する
meet	**met**	**met**	会う
read	*__read__[レッド]	*__read__[レッド]	読む
say	**said**	**said**	言う
sit	**sat**	**sat**	すわる
stand	**stood**	**stood**	立つ
tell	**told**	**told**	伝える
think	**thought**	**thought**	思う
understand	**understood**	**understood**	理解する

* 原形と形は同じだが，発音が異なるので注意しよう。

❷ A－B－C型…原形，過去形，過去分詞がすべて違う形のもの

原形	過去形	過去分詞	意味
be	**was / were**	**been**	～である，いる
begin	**began**	**begun**	始める
break	**broke**	**broken**	こわす
do	**did**	**done**	する
eat	**ate**	**eaten**	食べる
fly	**flew**	**flown**	飛ぶ
get	**got**	**gotten / got**	手に入れる
give	**gave**	**given**	与える
go	**went**	**gone**	行く
know	**knew**	**known**	知っている
see	**saw**	**seen**	見る
sing	**sang**	**sung**	歌う
speak	**spoke**	**spoken**	話す
take	**took**	**taken**	取る
write	**wrote**	**written**	書く

❸ A－B－A型…原形と過去分詞が同じ形のもの

原形	過去形	過去分詞	意味
become	**became**	**become**	～になる
come	**came**	**come**	来る
run	**ran**	**run**	走る

❹ A－A－A型…原形，過去形，過去分詞がすべて同じ形のもの

原形	過去形	過去分詞	意味
cut	**cut**	**cut**	切る
put	**put**	**put**	置く

2. 基数と序数

1 1〜20まで

	基数	序数		基数	序数
1	one	**first**	11	**eleven**	eleventh
2	two	**second**	12	**twelve**	**twelfth**
3	three	**third**	13	**thirteen**	thirteenth
4	four	fourth	14	fourteen	fourteenth
5	five	**fifth**	15	**fifteen**	fifteenth
6	six	sixth	16	sixteen	sixteenth
7	seven	seventh	17	seventeen	seventeenth
8	eight	**eighth**	18	**eighteen**	eighteenth
9	nine	**ninth**	19	nineteen	nineteenth
10	ten	tenth	20	twenty	**twentieth**

＊序数(「〜番目」を表す語)は，first，second，third 以外は基本的には基数の語尾に **-th** をつけてつくる。

2 21〜100まで

	基数	序数		基数	序数
21	twenty-one	twenty-first	30	**thirty**	thirtieth
22	twenty-two	twenty-second	40	**forty**	fortieth
23	twenty-three	twenty-third	50	**fifty**	fiftieth
24	twenty-four	twenty-fourth	60	sixty	sixtieth
25	twenty-five	twenty-fifth	70	seventy	seventieth
26	twenty-six	twenty-sixth	80	**eighty**	eightieth
27	twenty-seven	twenty-seventh	90	ninety	ninetieth
28	twenty-eight	twenty-eighth	100	**hundred**	hundredth
29	twenty-nine	twenty-ninth			

3. ペアで覚える動詞・形容詞・副詞・名詞

① 動詞

- **ask**(たずねる) / **answer**(答える)
- **buy**(買う) / **sell**(売る)
- **remember**(覚えている) / **forget**(忘れる)
- **go**(行く) / **come**(来る)
- **open**(開ける) / **close**(閉める)
- **stand**(立つ) / **sit**(すわる)
- **give**(与える) / **take**(取る)
- **win**(勝つ) / **lose**(負ける)
- **agree**(同意する) / **disagree**(同意しない)

② 形容詞・副詞

- **big / large**(大きい) / **small / little**(小さい)
- **easy**(簡単な) / **difficult / hard**(難しい)
- **early**(早い, 早く) / **late**(遅い, 遅く)
- **fast**(速い, 速く) / **slow**(ゆっくりした)/ **slowly**(ゆっくりと)
- **good**(よい) / **bad**(悪い)
- **strong**(強い) / **weak**(弱い)
- **hot**(暑い, 熱い) / **cold**(寒い, 冷たい)

long(長い) ⟷ **short**(短い, 背が低い) ⟷ **tall**(背が高い)

new(新しい) ⟷ **old**(古い, 年をとった) ⟷ **young**(若い)

left(左の) ⟷ **right**(右の, 正しい) ⟷ **wrong**(まちがった)

③ 名詞

- **father**(父) / **mother**(母)
- **brother**(兄, 弟) / **sister**(姉, 妹)
- **uncle**(おじ) / **aunt**(おば)
- **husband**(夫) / **wife**(妻)
- **boy**(男の子) / **girl**(女の子)
- **man**(男の人) / **woman**(女の人)

4. 前置詞

① in, on, at の使い分け

in　ある空間について「～の中に / で」の意味を表す。
「年」「季節」「月」のような時間にも使う。

in the box
（箱の中に）

in Japan
（日本で）

in April
（4 月に）

on　表面に接触して「～の上に」の意味を表す。
「日付」「曜日」にも使う。

on the desk
（机の上に）

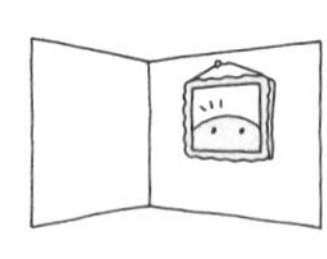

on the wall
（壁に）

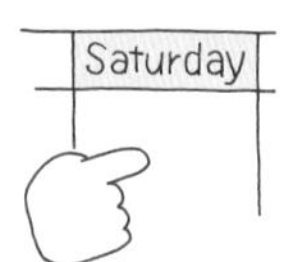

on Saturday
（土曜日に）

at　場所を点でとらえて「～のところに / で」の意味を表す。
「時刻」にも使う。

at the door
（ドアのところに）

at the station
（駅で）

at seven
（7 時に）

2 場所を表す前置詞

▶「～の間に」

betweenは「(2つのもの)の間に」と言うときに，amongは「(3つ以上のもの)の間に」と言うときに使う。

between the two boys
(2人の男の子の間に)

among young people
(若者たちの間に)

▶「～の中へ」「～の外へ」

out of the box
(箱の外へ)

into the box
(箱の中に)

▶「～の前に」「～の後ろに」

behind the door
(ドアの後ろに)

in front of the door
(ドアの前に)

▶「～に沿って」「～を横切って」

along the river
(川に沿って)

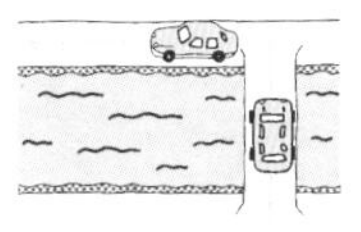

across the river
(川を横切って)

▶「～を通り抜けて」

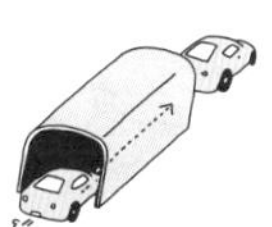

through the tunnel
(トンネルを通り抜けて)

▶「〜の上に」「〜の下に」

on は接触しているときに，over は「(おおうように)〜の上に」，under は「〜の真下に」と言うときに使う。 above は「(離れて)〜の上方に」，below は「(離れて)〜の下方に」という意味を表す。

over the desk(机の上に)

under the desk(机の下に)

above the cloud(雲の上方に)

below the cloud(雲の下方に)

▶「〜のそばに」「〜の横に」

by は「〜のそばに」の意味，near は「〜の近くに」の意味を表す。beside は「〜の横に，そばに」の意味で，横に並んでいることを表す。

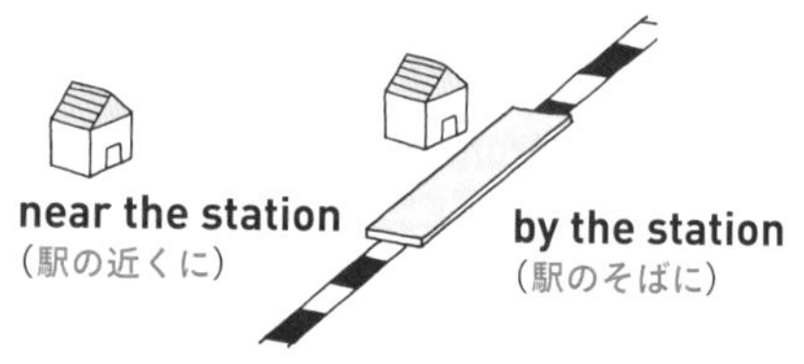

▶「〜のまわりに」

around the tree(木のまわりに)

❸ 時を表す前置詞

▶「〜の前に」「〜のあとに」

before は時間や順序について「〜の前に」, after は「〜のあとに」と言うときに使う。

before lunch(昼食前に)　　**after lunch**(昼食後に)

▶「〜までに」「〜までずっと」

by は「〜までに(は)」の意味で，その時までに動作が完了していることを表し，until は「〜までずっと」の意味で，その時まで動作や状態が続いていることを表す。

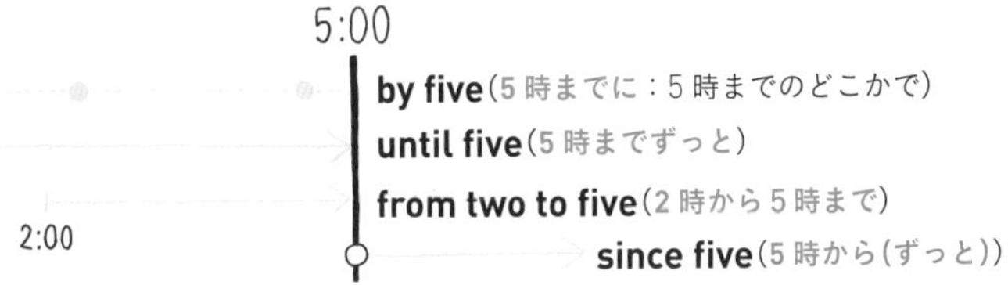

▶「〜の間」

during はあとに特定の期間を表す語がきて「〜の間(ずっと)，〜の間に」, for は期間の長さを表して「〜の間」という意味を表す。

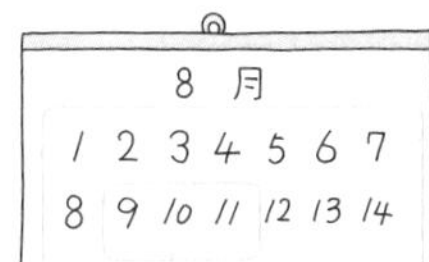

during August(8 月の間)

for three days(3 日間)

イラストで覚える英単語
1 衣料品店
put on ~
~を着る
fitting room
試着室
uniform
制服
smaller
より小さい
bigger
より大きい
jacket
ジャケット
mirror
鏡
socks
くつした
coat
コート

sweater
セーター
clerk
店員
SALE
necklace
ネックレス
SALE
dress
ドレス
skirt
スカート

イラストで覚える英単語
2 オフィス
boss
会社の上司
smartphone
スマートフォン
paper
紙
SMART.L
magazine
雑誌
glue
のり

copy machine
コピー機
plant
植物
scissors
はさみ
computer
コンピューター
stamp
切手
newspaper
新聞
letter
手紙

イラストで覚える英単語
3 街
HOTEL
shrine
神社
hotel
ホテル
station
駅
bank
銀行
bakery
パン店
convenience store
コンビニエンスストア
bridge
橋

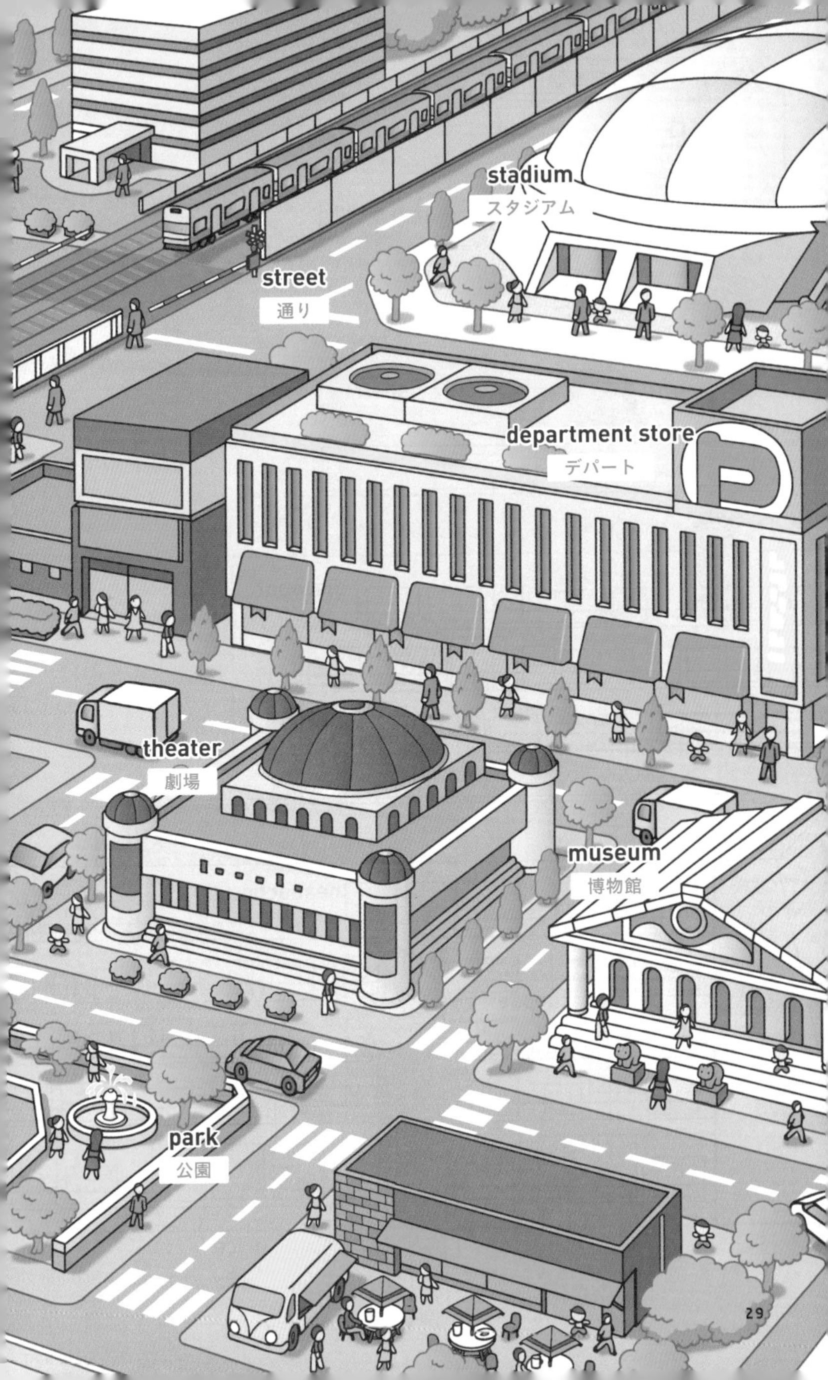
stadium
スタジアム
street
通り
department store
デパート
theater
劇場
museum
博物館
park
公園

イラストで覚える英単語

4 お店

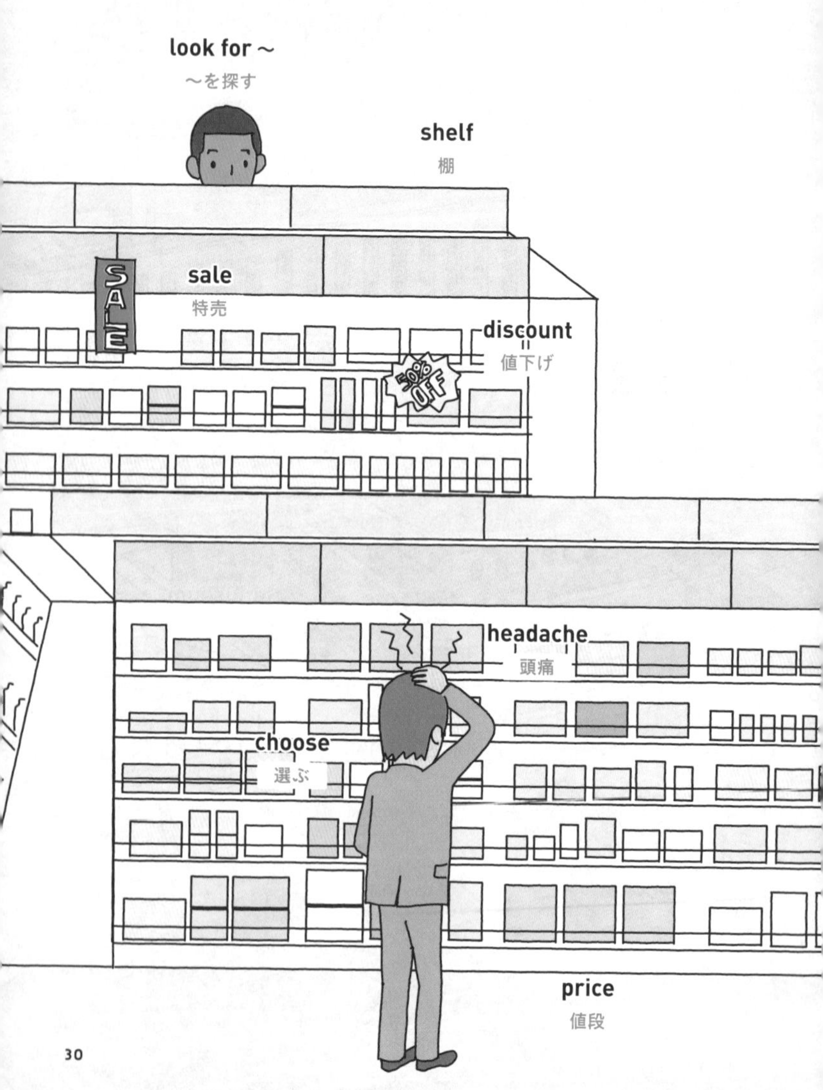

medicine
薬
manager
支配人
wallet
さいふ
buy
買う
product
商品
toilet paper
トイレットペーパー
customer
客

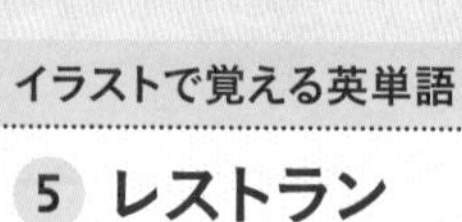

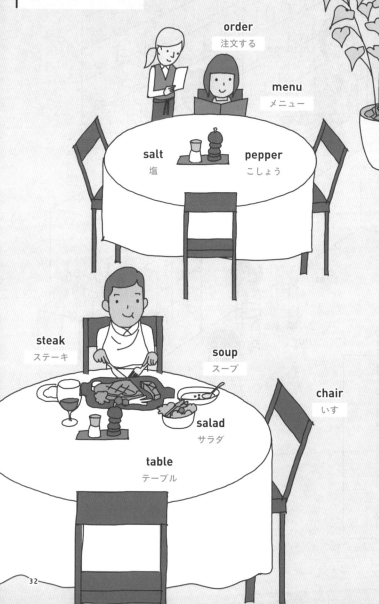

order
注文する

menu
メニュー

salt
塩

pepper
こしょう

steak
ステーキ

soup
スープ

chair
いす

salad
サラダ

table
テーブル

kitchen
キッチン，厨房
cook
料理人
dish
皿
garbage
(生)ごみ
recipe
レシピ
bottle
びん
spaghetti
スパゲッティ
serve
給仕する
stew
シチュー
dessert
デザート
waiter
ウェイター

イラストで覚える英単語

6 自然・環境

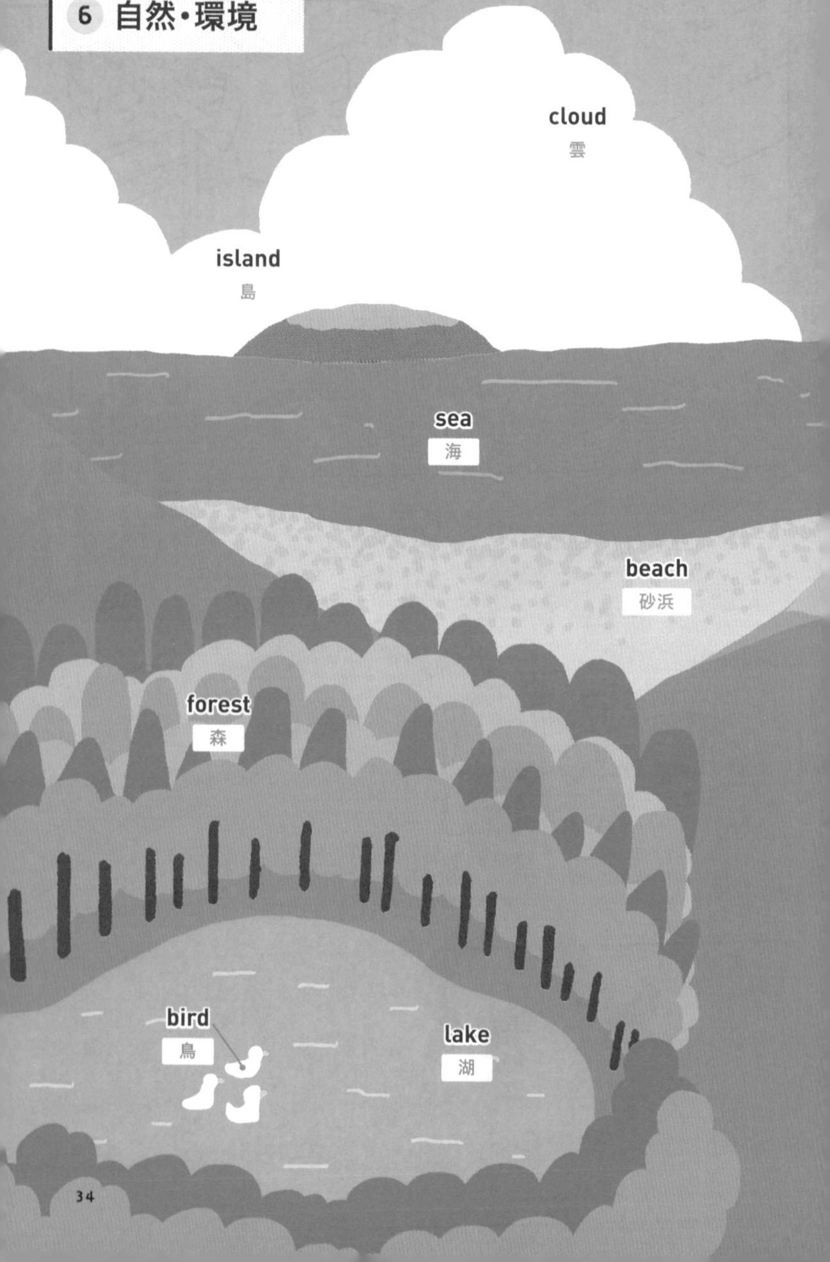

cloud
雲

island
島

sea
海

beach
砂浜

forest
森

bird
鳥

lake
湖

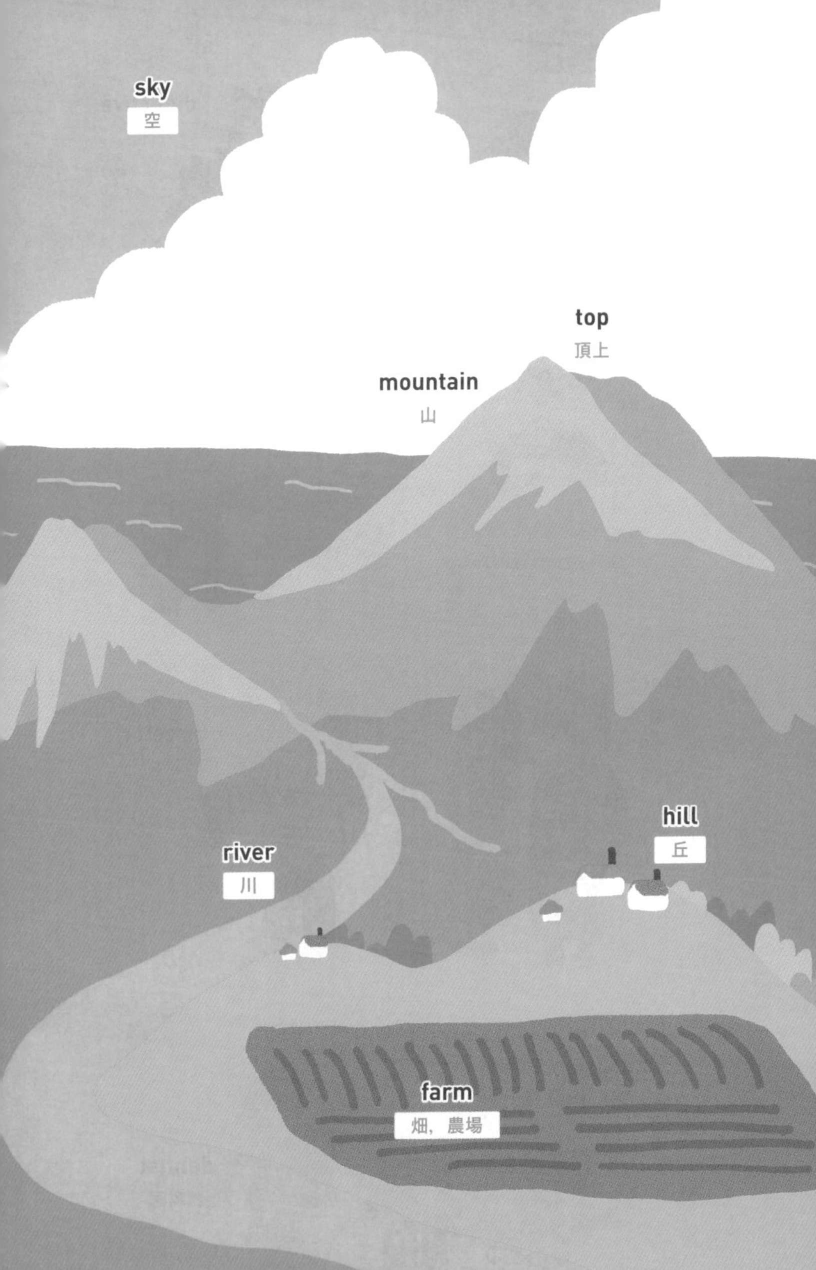
sky
空
top
頂上
mountain
山
hill
丘
river
川
farm
畑，農場

7 職業

detective
探偵
writer
作家
painter
画家
actor
俳優
director
監督
musician
音楽家
dentist
歯科医

pilot
パイロット

astronaut
宇宙飛行士

farmer
農家の人

scientist
科学者

photographer
写真家

boxer
ボクサー

reporter
記者

president
大統領

イラストで覚える英単語

8 動作

exchange
交換する
sleep
眠る
fix
直す
explain
説明する

9 気持ち・体調

nervous
緊張した

friendly
友好的な

happy
幸せな

hungry
おなかがすいた

full
満腹の

surprised
驚いた

angry
怒った

excited
興奮した

upset
気を悪くした

worried
心配した

sick
病気の

thirsty
のどがかわいた

WEBアプリ・音声について

本書に掲載している単語・熟語をクイズ形式で確認できるWEBアプリと，単語・熟語と会話表現すべてとその「訳」を収録した音声を無料でご利用いただけます。

WEBアプリのご利用方法

スマートフォンでLINEアプリを開き，「学研ランク順」を友だち追加いただくことで，クイズ形式で単語・熟語が復習できるWEBアプリをご利用いただけます。

↓LINE友だち追加はこちらから↓

※クイズのご利用は無料ですが，通信料はお客様のご負担になります。
※ご提供は予告なく終了することがございます。

学研ランク順　検索

音声のご利用方法

読者のみなさんのスタイルに合わせて，音声は次の2通りの方法でご利用いただけます。

①アプリで聞く

音声再生アプリ「my-oto-mo（マイオトモ）」に対応しています。下記の二次元コードかURLにスマートフォンやタブレットでアクセスいただき，ダウンロードしてください。

https://gakken-ep.jp/extra/myotomo/

※アプリの利用は無料ですが，通信料はお客様のご負担になります。
※パソコンからはご利用になれません。

②パソコンにダウンロードして聞く

下記のURLのページ下部のタイトル一覧から，「英検ランク順英検3級英単語1350」を選択すると，MP3音声ファイルをダウンロードいただけます。

https://gakken-ep.jp/extra/myotomo/

※お客様のネット環境およびスマートフォン，タブレットによりアプリをご利用いただけない場合や，お客様のパソコン環境により音声をダウンロード，再生できない場合，当社は責任を負いかねます。また，アプリ，音声のご提供は予告なく終了することがございます。ご理解，ご了承をいただきますよう，お願い申し上げます。

最重要レベルの単語

RANK A に掲載されているのは英検 3 級を受験するにあたって必ずおさえておくべき重要な単語です。掲載されている単語は過去に 3 級で何度も出題されたものばかりですので確実に覚えて使いこなせるようにしましょう。

RANK A

必ずおさえておくべき重要単語

英検3級動詞

0001 **go** ゴウ [gou]

動 行く

過 **went** [ウェント] － **gone** [ゴーン]　3単現 **goes** [ゴウズ]

▶ **go to** the theater
（劇場に行く）

0002 **get** ゲット [get]

動 得る, 手に入れる

過 **got** [ガット] － **gotten** [ガトゥン] / **got**　ing形 **getting**

▶ **get** some new books
（新しい本を数冊買う）

0003 **take** テイク [teik]

動 (手に)取る, 持っていく

過 **took** [トゥック] － **taken** [テイクン]

▶ You should **take** your umbrella.
（傘を持っていくべきです。）

0004 **make** メイク [meik]

動 作る, ～を…にする

過 **made** [メイド] － **made**

▶ She **made** her mother pancakes for breakfast.
（彼女は母親に朝食にパンケーキを作りました。）

0005 **buy** バイ [bai]

動 買う

過 **bought** [ボート] － **bought**　つづり

▶ I **bought** her a present.
（私は彼女にプレゼントを買いました。）

0006 **see** スィー [siː]

動 見る, 会う

過 **saw** [ソー] － **seen** [スィーン]

▶ I could not **see** the blackboard well.
（私は黒板がよく見えませんでした。）

0007 **look** ルック [luk]

動 見る, ～に見える

▶ **Look at** my new bag.
（私の新しいバッグを見て。）

0008 **call** コール [kɔːl]

動 呼ぶ, 電話する

▶ Please **call** me when you are ready to order.
（注文が決まったら私を呼んでください。）

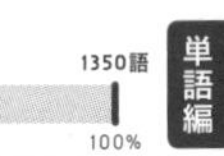

☑ 0009 **give** ギッ [giv]

動 与える
過 **gave** [ゲイッ] ー **given** [ギヴン]
▶ He **gave** her a book.
（彼は彼女に本をあげました。）

☑ 0010 **work** ワ〜ク [wəːrk] 発音

動 働く 名 仕事
▶ She **worked** as a music teacher.
（彼女は音楽の先生として働きました。）

☑ 0011 **let** レット [let]

動 (Let's 〜. で) 〜しましょう
▶ **Let's** meet at the station at ten.
（10時に駅で会いましょう。）

☑ 0012 **need** ニード [niːd]

動 必要とする
▶ I **need** a new bike.
（私は新しい自転車が必要です。）

☑ 0013 **find** ファーインド [faind]

動 見つける
過 **found** [ファウンド] ー **found** 発音
▶ He could not **find** his passport.
（彼はパスポートを見つけられませんでした。）

☑ 0014 **say** セイ [sei] 発音

動 言う
過 **said** [セド] ー **said** 3単現 **says** [セズ] 発音
▶ My mother **said** the cake was for my birthday.
（母はそのケーキは私の誕生日用だと言いました。）

☑ 0015 **watch** ワーチ [watʃ]

動 (じっと)見る
▶ **watch** American football
（アメリカンフットボールを見る）

☑ 0016 **leave** リーヴ [liːv]

動 去る, 出発する, 置いていく
過 **left** [レフト] ー **left**
▶ I **left** my textbook at home.
（私は家に教科書を忘れてきました。）

☑ 0017 **tell** テゥ [tel]

動 話す, 言う
過 **told** [トウゥド] ー **told**
▶ She **told** me about living in London.
（彼女はロンドンでの生活について私に話してくれました。）

0018	**become** ビカム [bikʌ́m]	動 ～になる 過 became [ビケイム] ― become [ビカム] ▶ **become** an actor （役者になる）
0019	**learn** ラ～ン [ləːrn] 発音	動 習い覚える ▶ **learn** English （英語を学ぶ）
0020	**finish** フィニシュ [fíniʃ]	動 終える, 終わる ▶ He cannot **finish** the work in one hour. （彼はその仕事を1時間で終わらせられません。）
0021	**sell** セゥ [sel]	動 売る 過 sold [ソウゥド] ― sold ▶ The shop **sells** nice clothes for children. （その店は子ども用のすてきな服を売っています。）
0022	**clean** クリーン [kliːn]	動 そうじする ▶ **clean** a room （部屋をそうじする） 関連 cleaner 名 クリーナー，そうじ機
0023	**hope** ホウプ [houp]	動 望む 名 希望 ▶ I **hope** this map helps you. （この地図が役に立つといいのですが。）
0024	**practice** プレアクティス [prǽktis]	動 練習する 名 練習 ▶ **practice** soccer （サッカーを練習する）
0025	**show** ショウ [ʃou]	動 見せる 名 ショー, 番組 過 showed ― showed / shown [ショウン] ▶ We must **show** our ID cards. （私たちはIDカードを見せなければなりません。）
0026	**ride** ラーイド [raid]	動 乗る 過 rode [ロウド] ― ridden [リドン] ▶ **ride** a bike to school （学校へ自転車に乗って行く）

0027 **swim**
スウィム
[swim]

動 泳ぐ
過 swam [スウェアム] － swum [スワム]
ing形 swimming
▶ **swim** in the river（川で泳ぐ）

0028 **try**
トラーイ
[trai]

動 やってみる, 試す
過 tried － tried 3単現 tries
▶ **Try** our ice cream for dessert.
（デザートに私たちのアイスクリームを試して。）

0029 **grow**
グロウ
[grou]

動 成長する, 育てる
過 grew [グルー] － grown [グロウン]
▶ I **grow** some vegetables in my garden.
（庭でいくつかの野菜を育てています。）

0030 **put**
プット
[put]

動 置く
過 put － put ing形 putting
▶ Please **put** the box on the table.
（その箱をテーブルの上に置いてください。）

0031 **enjoy**
インヂョーイ
[indʒɔ́i]

動 楽しむ
▶ Are you **enjoying** the game?
（あなたはその試合を楽しんでいますか。）

「～するのを楽しむ」と言うときは，動名詞を目的語にとって **enjoy ～ing**の形にする。不定詞は続けない。

0032 **stay**
ステイ
[stei]

動 滞在する 名 滞在
▶ How long did Julie **stay** in Japan last year?
（ジュリーは昨年どのくらい日本に滞在したのですか。）

0033 **rain**
レイン
[rein]

動 雨が降る 名 雨
▶ It is going to **rain** this afternoon.
（今日の午後雨が降るでしょう。）

0034 **win**
ウィン
[win]

動 勝つ
過 won [ワン] － won ing形 winning
▶ I **won** the game.
（私はその試合に勝ちました。）

0035 **break**

ブレイク
[breik]

つづり

動 こわす，こわれる　名 休憩

過 broke [ブロウク] ― broken [ブロウクン]

▶ When did you **break** your glasses?
(あなたはいつめがねをこわしたのですか。)

0036 **close**

動 クロウズ [klouz]
形 クロウス [klous]

発音

動 閉める，閉まる　形 ごく近い

▶ The office **closes** at 5 p.m.
(オフィスは午後5時に閉まります。)

関連 **open** 動 開ける，開く

動詞のclose[クロウズ]は形容詞のclose[クロウス]と発音が異なるので注意が必要だよ。

0037 **move**

ムーヴ
[mu:v]

動 引っ越す，動かす

▶ I need to **move** the sofa.
(ソファーを動かす必要があります。)

0038 **open**

オウプン
[óupən]

動 開ける，開く　形 開いている

▶ **open** a letter
(手紙を開ける)

関連 **close** 動 閉める，閉まる

0039 **build**

ビウド
[bild]

つづり

動 建てる

過 built [ビウト] ― built

▶ **build** a temple (寺を建てる)

関連 **building** 名 建物

0040 **bring**

ブリング
[briŋ]

動 持ってくる，連れてくる

過 brought [ブロート] ― brought　発音

▶ She will **bring** some chocolates for me.
(彼女は私にチョコレートを持ってきてくれるでしょう。)

0041 **run**

ラン
[rʌn]

動 走る

過 ran [レアン] ― run　ing形 running

▶ **run** five kilometers
(5キロ走る)

0042 **wear**
ウェアァ
[weər]

動 身につけている
過 wore [ウォーァ] — worn [ウォーン]
▸ That tall boy **wearing** the blue T-shirt is my brother.
(青いTシャツを着ているあの背の高い少年は私の弟です。)
関連 **put on** 熟 ～を身につける

服だけでなく，めがね，ぼうし，くつなどにも使うよ。

0043 **excuse**
イクスキューズ
[ikskjúːz]

動 許す

0044 **hear**
ヒアァ
[hiər]
つづり

動 聞く，聞こえる
過 heard [ハ～ド] — heard 発音
▸ I **heard** that you are going to Paris next week.
(あなたは来週パリへ行くそうですね。)

0045 **begin**
ビギン
[bigín]

動 始める，始まる
過 began [ビギャン] — begun [ビガン]
▸ I have not **begun** my homework yet.
(まだ宿題を始めていません。)

0046 **wait**
ウェイト
[weit]

動 待つ
▸ Please **wait** over there.
(あそこで待っていてください。)

0047 **lose**
ルーズ
[luːz]

動 失う，負ける
過 lost [ロースト] — lost
▸ I have **lost** my key. (かぎをなくしてしまいました。)
関連 **win** 動 勝つ

0048 **send**
センド
[send]

動 送る
過 sent [セント] — sent
▸ I will **send** you some photos soon.
(あなたにすぐに数枚の写真を送ります。)

0049 **borrow**
バーロウ
[bárou]

動 借りる
▸ **borrow** a pencil from him
(彼からえんぴつを借りる)

0050 **worry**
ワ～リ
[wə́ːri]

動 心配させる, 心配する
3単現 worries　過 worried
▶ Do not **worry about** the food.
（食べ物のことは心配しないでください。）

0051 **drive**
ドラーイヴ
[draiv]

動 運転する, 車で行く
過 drove［ドロウヴ］ ― driven［ドリヴン］
▶ **drive** a car（車を運転する）
関連 driver　名 運転手, 運転する人

0052 **decide**
ディサーイド
[disáid]

動 決める
▶ He **decided to** become a doctor.
（彼は医者になることを決心しました。）
decide to ～で「～することを決める」という意味。

0053 **turn**
ターン
[təːrn]
発音

動 曲がる
▶ Just **turn** left at the next corner.
（次の角を左に曲がるだけです。）

0054 **forget**
フォゲト
[fərgét]
発音

動 忘れる
過 forgot［フォガト］ ― forgotten［フォガトン］　発音
▶ I **forgot** my math textbook.
（数学の教科書を忘れました。）

0055 **wash**
ワーシュ
[wɑʃ]

動 洗う
▶ **wash** a bike
（自転車を洗う）

0056 **happen**
ヘアプン
[hǽpən]

動 起こる
▶ What **happened** at the party?
（パーティーで何が起きたのですか。）

0057 **join**
ヂョーイン
[dʒɔin]

動 加わる, 参加する
▶ She **joined** the tennis team.
（彼女はテニス部に入りました。）

0058 **keep**
キープ
[kiːp]

動 保つ, 飼う
過 kept［ケプト］ ― kept
▶ Do you want to **keep** these old CDs?
（これらの古いCDを取っておきたいのですか。）

0059 **speak**
スピーク [spiːk]
動 話す
過 spoke [スポウク] ― spoken [スポウクン]
▸ **speak** English
(英語を話す)

0060 **change**
チェインヂ [tʃeindʒ]
動 変える, 乗りかえる
▸ He **changed** his name to Ray Brown.
(彼は名前をレイ・ブラウンに変えました。)

0061 **order**
オーダァ [ɔ́ːrdər]
動 注文する
▸ Let's **order** a pizza for dinner.
(夕食にピザを注文しましょう。)

0062 **pick**
ピック [pik]
動 つむ, 選ぶ
▸ **pick up** garbage
(ごみを拾い上げる)

pick up ～には「(人)を(車で)迎えに行く」という意味もあるよ。

0063 **catch**
キャッチ [kætʃ]
動 つかまえる
過 caught [コート] ― caught つづり
▸ I **caught** ten fish.
(10匹の魚をつかまえました。)

0064 **check**
チェック [tʃek]
動 調べる, 確認する
▸ I will **check** my schedule.
(スケジュールを確認します。)

0065 **hold**
ホウド [hould]
動 開催する, 手に持つ
過 held [ヘウド] ― held
▸ This festival is **held** every year.
(このお祭りは毎年開かれます。)

0066 **introduce**
イントロデュース [intrədjúːs]
動 紹介する, 導入する
▸ I was **introduced to** John by my brother.
(私は兄によってジョンに紹介されました。)

0067 **feel**
フィーゥ [fiːl]
動 感じる
過 felt [フェウト] ― felt
▸ **feel** happy (幸せに感じる)
〈feel+形容詞〉で「～と感じる」という意味になる。

☑ 0068 **save**
セイヴ
[seiv]

動 救う, 節約する
▶ The doctor **saved** many people's lives.
(その医者はたくさんの人々の命を救いました。)

☑ 0069 **spend**
スペンド
[spend]

動 (金を)使う, (時間を)過ごす
過 spent [スペント] ― spent
▶ **spend** money in stores and restaurants
(店やレストランでお金を使う)

☑ 0070 **snow**
スノウ
[snou]

動 雪が降る　名 雪
▶ It will **snow** all day.
(一日中雪が降るでしょう。)

☑ 0071 **lend**
レンド
[lend]

動 貸す
過 lent [レント] ―lent
▶ Can you **lend** me some money for dinner?
(夕食にいくらかお金を貸してくれませんか。)

☑ 0072 **stop**
スターップ
[stɑp]

動 止める, 止まる　名 停留所
過 stopped― stopped　ing形 stopping
▶ Let's **stop** at that store.
(あの店に立ち寄りましょう。)

☑ 0073 **draw**
ドロー
[drɔː]
発音

動 (ペンで絵や図を)描く, (線を)引く
過 drew [ドルー] ― drawn [ドローン]
▶ **draw** a picture (絵を描く)
関連 paint　動 (絵の具で) 描く

☑ 0074 **jog**
ヂャーグ
[dʒɑg]

動 ジョギングをする
▶ Can you come **jogging** today?
(あなたは今日ジョギングをしに来られますか。)

☑ 0075 **pass**
ペアス
[pæs]

動 手渡す, 合格する
▶ Please **pass** me the salt.
(塩を取ってください。)

☑ 0076 **pay**
ペイ
[pei]

動 支払う
過 paid [ペイド] ― paid
▶ **pay** fifteen dollars **for** the T-shirt
(Tシャツに15ドル払う)

0077 **remember**
リメンバァ [rimémbər]

動 覚えている, 思い出す
▶ We **remember** our trip to Kyoto.
(私たちは京都旅行のことを覚えています。)
関連 **forget** 動 忘れる

0078 **miss**
ミス [mis]

動 のがす, いなくてさびしく思う
▶ I **missed** the train. (電車に乗り遅れました。)
▶ We **miss** you a lot.
(私たちはあなたがいなくてとてもさびしいです。)

0079 **bake**
ベイク [beik]

動 (オーブンなどで)焼く
▶ **bake** some cookies
(クッキーを焼く)

0080 **hurt**
ハ～ト [həːrt]
発音

動 傷つける, 痛む
過 **hurt** — **hurt**
▶ I **hurt** my leg.
(足をけがしました。)

0081 **invite**
インヴァイト [inváit]

動 招待する
▶ Thank you for **inviting** me **to** dinner.
(夕食に招待してくれてありがとうございます。)

0082 **paint**
ペイント [peint]

動 (絵の具で)描く, ペンキを塗る
▶ **paint** a picture
(絵を描く)
関連 **painting** 名 絵

0083 **wake**
ウェイク [weik]

動 (wake upで)目を覚ます, 起こす
過 **woke** [ウォウク] —**woken** [ウォウクン]
▶ I **woke up** late this morning.
(今朝は遅く起きました。)

0084 **choose**
チューズ [tʃuːz]

動 選ぶ
過 **chose** [チョウズ] — **chosen** [チョウズン]
▶ a contest to **choose** the most interesting movie
(最もおもしろい映画を選ぶコンテスト)

0085 **collect**
コレクト [kəlékt]

動 集める
▶ **collect** comic books
(マンガ本を集める)
関連 **collection** 名 収集

0086 **contact**
カーンテアクト
[kάntækt]

動 連絡する
▸ If you have any questions, please **contact** me.
(何か質問があれば，私にご連絡ください。)

0087 **cost**
コースト
[kɔːst]

動 (人に)(費用が)かかる
過 cost－cost
▸ The dictionary **costs** fifty dollars.
(その辞書は50ドルです[かかります]。)

0088 **climb**
クラーイム
[klaim]
つづり

動 登る
▸ **climb** a mountain
(山に登る)

climbの最後のbは発音しないよ。

0089 **hurry**
ハ～リ
[hə́ːri]
つづり

動 急ぐ，急いで行く　名 急ぎ
3単現 hurries 過 hurried－hurried
▸ We should **hurry** to class.
(急いで授業に行ったほうがよい。)

0090 **receive**
リスィーヴ
[risíːv]
つづり

動 受け取る
▸ **receive** a letter from my grandfather
(祖父から手紙をもらう)
関連 **send** 動 送る

0091 **return**
リタ～ン
[ritə́ːrn]

動 戻る，返す
▸ I have to **return** this book to the library.
(この本を図書館へ返さなくてはなりません。)

0092 **sleep**
スリープ
[sliːp]

動 眠る
過 slept [スレプト] － slept
▸ I could not **sleep** last night.
(昨夜は眠れませんでした。)

0093 **steal**
スティーゥ
[stiːl]

動 盗む
過 stole [ストウゥ] －stolen [ストウルン]
▸ My bicycle was **stolen**.
(私の自転車が盗まれました。)

チェックテスト

範囲P.44〜54

1 Jack (   ) this dictionary at that bookstore.
1. worked **2.** bought **3.** brought **4.** slept
(ジャックはこの辞書をあの書店で買いました。)

2 How long did Ms. Jones (   ) in Tokyo last month?
1. hope **2.** become **3.** grow **4.** stay
(ジョーンズさんは先月どのくらい東京に滞在したのですか。)

3 Harry is very good at playing tennis. I'm sure he will (   ) the match.
1. win **2.** invite **3.** happen **4.** lose
(ハリーはテニスがとても上手です。私は彼がきっとその試合に勝つと思います。)

4 Your shirt looks expensive.
— I (   ) 70 dollars for it.
1. cost **2.** paid **3.** chose **4.** lent
(あなたのシャツは高そうに見えます。
—私はそれに70ドル払いました。)

5 It's such a cold day. You should (   ) your coat.
1. hear **2.** spend **3.** put **4.** wear
(とても寒い日です。あなたはコートを着ていくべきです。)

答え　1 2　2 4　3 1　4 2　5 4

RANK A 必ずおさえておくべき重要単語

英検3級名詞

☑ 0094	**food** フード [fu:d]	名 食べ物 ▶ Do not waste your **food**. (食べ物をむだにしてはいけません。)
☑ 0095	**restaurant** レストラント [réstərənt] 発音	名 レストラン ▶ an Italian **restaurant** (イタリアンレストラン)
☑ 0096	**festival** フェスティヴォゥ [féstəvəl]	名 祭り ▶ The **festival** starts at five. (お祭りは5時に始まります。)
☑ 0097	**trip** トリップ [trip]	名 旅行 ▶ How was your **trip** to Spain? (スペインへの旅行はどうでしたか。)
☑ 0098	**child** チャーイゥド [tʃaild]	名 子ども 複 **children** [チゥドレン] 発音 ▶ a good book for **children** (子どもにとってよい本)
☑ 0099	**England** インッグランド [íŋglənd]	名 イングランド 関連 **English** 名 英語 形 英語の
☑ 0100	**date** デイト [deit]	名 日付 ▶ **Date**: October 7 (日付：10月7日)
☑ 0101	**parent** ペアレント [péərənt] 発音	名 親 ▶ my **parents** (私の両親) 関連 **father** 名 父 **mother** 名 母

イギリスの中心となる地方だよ。

「デート」の意味もあるよ。

☑ 0102 **contest**
カーンテスト
[kántest]

名 コンテスト
▶ a speech **contest**
(スピーチコンテスト)

☑ 0103 **subject**
サブヂェクト
[sʌ́bdʒekt]

名 教科, (メールなどの)件名
▶ My favorite school **subject** is P.E.
(私の大好きな学校の教科は体育です。)

☑ 0104 **ticket**
ティキット
[tíkit]

名 切符, チケット
▶ a concert **ticket**
(コンサートのチケット)

☑ 0105 **money**
マニ
[mʌ́ni]

名 お金
▶ Can you give me some **money** to buy a book?
(本を買うお金をくれませんか。)

☑ 0106 **office**
オーフィス
[ɔ́:fis]

名 事務所
▶ She is still at the **office**.
(彼女はまだオフィスにいます。)

☑ 0107 **animal**
エァニマゥ
[ǽnəməl]

名 動物
▶ keep an **animal**
(動物を飼う)

☑ 0108 **fun**
ファン
[fʌn]

名 おもしろいこと, 楽しみ
▶ We **had fun** in Australia.
(私たちはオーストラリアで楽しく過ごしました。)
関連 **funny** 形 おかしい

☑ 0109 **lesson**
レスン
[lésn]

名 授業, レッスン, 教訓
▶ a piano **lesson**
(ピアノのレッスン)

☑ 0110 **minute**
ミニト
[mínit]
つづり

名 分
▶ Walk straight for about three **minutes**.
(約3分間まっすぐ歩いてください。)
関連 **hour** 名 時間

☑ 0111 **concert**
カーンサ〜ト
[kɑ́nsəːrt]

名 コンサート
▶ Are you going to the **concert** tomorrow?
(明日コンサートに行くつもりですか。)

☑ 0112 **plan**
プレアン
[plæn]

名 計画　動 計画する
過 **planned** − **planned**　ing形 **planning**
▶ Do you have any **plans** for tomorrow?
(明日何か予定はありますか。)

☑ 0113 **station**
ステイション
[stéiʃən]

名 駅
▶ They took a bus from the **station**.
(彼らは駅からバスに乗りました。)
関連 **police station** 名 警察署

☑ 0114 **fish**
フィシュ
[fiʃ]

名 魚　動 釣りをする
▶ catch many **fish**
(たくさんの魚をとる)

複数形もfishで，単数形と同じ形だよ。

☑ 0115 **meeting**
ミーティング
[míːtiŋ]

名 会合，会議
▶ We have a **meeting** this afternoon.
(今日の午後会議があります。)
関連 **meet** 動 会う

☑ 0116 **sport**
スポート
[spɔːrt]

名 スポーツ
▶ Do you like playing **sports**?
(あなたはスポーツをするのが好きですか。)

☑ 0117 **place**
プレイス
[pleis]

名 場所
▶ There are some **places** to eat near the park.
(公園の近くにいくつか食べる場所があります。)

☑ 0118 **vacation**
ヴェイケイション
[veikéiʃən]
発音

名 休暇
▶ During my winter **vacation**, I studied a lot.
(冬休みの間，私はたくさん勉強をしました。)
関連 **holiday** 名 休日

☑ 0119 **museum**
ミューズィーアム
[mjuːzíːəm]
発音

名 博物館，美術館
▶ an art **museum**
(美術館)

☑ 0120 **science**
サーイエンス
[sáiəns]
つづり

名 理科, 科学
▶ a **science** room
(理科室)
関連 **scientist** 名 科学者 **scientific** 形 科学的な

☑ 0121 **travel**
トレアヴェゥ
[trǽvəl]

名 旅行 動 旅行する
▶ space **travel**
(宇宙旅行)
関連 **trip** 名 旅行

☑ 0122 **dollar**
ダーラァ
[dάlər]
つづり

名 ドル
▶ get a ticket for ten **dollars**
(チケットを10ドルで手に入れる)

☑ 0123 **problem**
プラーブレム
[prάbləm]

名 問題
▶ There is a **problem** with his car.
(彼の車は問題がある。)

☑ 0124 **sound**
サーウンド
[saund]

名 音 動 ～に聞こえる
▶ a low **sound** (低い音)
▶ Your project **sounds** fun.
(あなたの企画は楽しそうです。)

☑ 0125 **beach**
ビーチ
[biːtʃ]

名 浜辺
▶ I am going to the **beach** this weekend.
(私はこの週末に浜辺に行くつもりです。)

☑ 0126 **rose**
ロウズ
[rouz]

名 バラ

☑ 0127 **London**
ランドン
[lʌ́ndən]

名 ロンドン

☑ 0128 **art**
アート
[ɑːrt]

名 芸術, 美術
▶ an **art** contest
(美術コンテスト)
関連 **artist** 名 芸術家

0129 **job**
ヂャーブ
[dʒɑb]

名 仕事
▶ get a **job**
(仕事を得る)

0130 **way**
ウェイ
[wei]

名 道, 方法
▶ the **way** to the station (駅への道)
▶ the best **way** to clean a street
(通りをきれいにする最も よい方法)

0131 **breakfast**
ブレクファスト
[brékfəst]

名 朝食
▶ I always eat bread for **breakfast**.
(私はいつも朝食にパンを食べます。)
関連 **lunch** 名 昼食 **dinner** 名 夕食

0132 **weather**
ウェザァ
[wéðər]

名 天気
▶ How will the **weather** be this afternoon?
(今日の午後の天気はどうですか。)

0133 **grandmother**
グレアンマザァ
[grǽndmʌðər]

名 祖母
関連 **grandfather** 名 祖父 **mother** 名 母

0134 **present**
プレズント
[préznt]

名 贈り物, プレゼント
▶ a **present** for you
(あなたへのプレゼント)

0135 **floor**
フローァ
[flɔːr]

名 床, 階
▶ live on the fifth **floor** of the building
(そのビルの5階に住む)

0136 **country**
カントリ
[kʌ́ntri]
つづり

名 国
▶ my home **country**
(私の母国)
theをつけて **「いなか」** の意味もある。

0137 **e-mail**
イーメイゥ
[íːmeil]

名 電子メール 動 電子メールを送る
▶ send an **e-mail**
(電子メールを送る)

☑ 0138	**history** ヒストゥリ [hístəri]	名 歴史 ▶ the **history** of Japan (日本の歴史)
☑ 0139	**life** ラーイフ [laif]	名 生涯, 生活, 生命 複 lives [ラーイヴズ] ●発音 ▶ a long **life** (長い人生) 関連 **live** 動 住んでいる
☑ 0140	**street** ストリート [stri:t]	名 通り ▶ Go down this **street**. (この通りを行きなさい。) 関連 **road** 名 道路
☑ 0141	**thing** スィング [θiŋ]	名 こと, もの
☑ 0142	**area** エリア [éəriə]	名 地域 ▶ a dangerous **area** (危険地域)
☑ 0143	**computer** コンピュータァ [kəmpjú:tər]	名 コンピューター ▶ use a **computer** (コンピューターを使う) 関連 **e-mail** 名 電子メール
☑ 0144	**glass** グレアス [glæs]	名 コップ, ガラス ▶ **a glass of** water (コップ1杯の水)
☑ 0145	**speech** スピーチ [spi:tʃ]	名 スピーチ, 演説 関連 **speak** 動 話す
☑ 0146	**writer** ライタァ [ráitər] つづり	名 作家 ▶ a great **writer** (偉大な作家)

0147 **grandparent**
グレァンペアレント
[grǽndpeərənt]
名 祖父または祖母
▶ my **grandparents**
(私の祖父母)

0148 **report**
リポート
[ripɔ́ːrt]
名 報告, レポート
▶ write a **report**
(レポートを書く)

0149 **town**
タウン
[taun]
名 町
▶ a **town** library
(町の図書館)
関連 **city** 名 都市 **village** 名 村

0150 **ice**
アイス
[ais]
名 氷
▶ walk on the **ice**
(氷の上を歩く)
数えられない名詞。anをつけないし, 複数形もないよ。

0151 **idea**
アイディーア
[aidíːə]
発音
名 考え
▶ have an interesting **idea**
(おもしろい考えを持っている)

0152 **bear**
ベアァ
[beər]
つづり
名 クマ

0153 **Canada**
キャナダ
[kǽnədə]
名 カナダ

0154 **garden**
ガードン
[gɑ́ːrdn]
名 庭
▶ a vegetable **garden**
(野菜園)

0155 **pumpkin**
パンプキン
[pʌ́mpkin]
名 カボチャ
▶ a **pumpkin** pie
(カボチャのパイ)

0156 **theater**
スィアタァ
[θíətər]

名 劇場, 映画館
▶ The show is still playing at the **theater**.
（そのショーはまだ劇場で公演中です。）

0157 **United States**
ユーナイティドゥステイツ
[juːnáitid stéits]

名 アメリカ合衆国
theをつけて使う。the U.S.と言うこともある。

0158 **airport**
エアポート
[éərpɔːrt]

名 空港

0159 **band**
ベアンド
[bænd]

名 バンド
▶ a brass **band**
（ブラスバンド）

0160 **China**
チャーイナ
[tʃáinə]

名 中国

0161 **France**
フレアンス
[fræns]

名 フランス
関連 **French** 形 フランスの

photo（写真）は photographの略だよ。

0162 **photo**
フォウトウ
[fóutou]
発音

名 写真
▶ She put some **photos** on her website.
（彼女は自分のウェブサイトに写真をのせました。）
関連 **picture** 名 写真，絵

0163 **prize**
プライズ
[praiz]

名 賞
▶ She got the **prize** for best actress.
（彼女は最優秀女優賞をとりました。）

0164 **supermarket**
スーパマーキト
[súːpərmɑːrkit]

名 スーパーマーケット
▶ buy vegetables at a **supermarket**
（スーパーマーケットで野菜を買う）

0165 **university**
ユーニヴァ〜スィティ
[juːnəvə́ːrsəti]

名 (総合)大学
複 universities
▶ graduate from **university**
(大学を卒業する)

0166 **camp**
キャンプ
[kæmp]

名 キャンプ　動 キャンプをする
▶ a five-day **camp**
(5日間のキャンプ)

0167 **care**
ケアァ
[keər]

名 注意, 世話
▶ Will you **take care of** my fish?
(私の魚の世話をしてくれますか。)

0168 **Europe**
ユーラプ
[júərəp]
つづり

名 ヨーロッパ
▶ travel around **Europe**
(ヨーロッパを旅行する)

0169 **fall**
フォーゥ
[fɔːl]

名 秋　動 落ちる
過 **fell** [フェゥ] − **fallen** [フォールン]
▶ in **fall** (秋に)
▶ **fall** from a wall (壁から落ちる)

0170 **holiday**
ハーリデイ
[hɑ́lədei]

名 休日, 祝日
▶ during the winter **holidays**
(冬期休暇の間に)

0171 **piece**
ピース
[piːs]

名 1つ, かけら
▶ **pieces** of chocolate
(チョコレートのかけら)

0172 **question**
クウエスチョン
[kwéstʃən]

名 質問
▶ ask **questions** about Japanese food
(日本料理について質問する)
関連 **answer** 名 答え

0173 **snack**
スネアク
[snæk]

名 軽食, スナック
▶ **snacks** for the party
(パーティーのための軽食)

0174 **stadium**
スティディアム
[stéidiəm]
発音

名 スタジアム, 競技場
▶ a soccer **stadium**
(サッカースタジアム)

0175 **tournament**
トゥアナメント
[túərnəmənt]

名 トーナメント, 勝ち抜き戦
▶ He has a **tournament** on Saturday.
(彼は土曜日にトーナメントがあります。)

0176 **wife**
ワーイフ
[waif]

名 妻
複 wives
関連 **husband** 名 夫

0177 **sale**
セイウ
[seil]

名 販売, 特売, セール
▶ a big **sale** at the shopping center
(ショッピングセンターでのセール)
関連 **sell** 動 売る

0178 **daughter**
ドータァ
[dɔ́:tər]
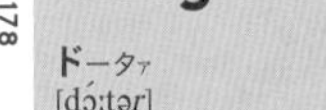
発音 つづり

名 娘
関連 **son** 名 息子

ghは発音しないよ。

0179 **front**
フラント
[frʌnt]
発音

名 前
▶ the **front** of the library
(図書館の前)

0180 **gym**
ヂム
[dʒim]

名 体育館
▶ play basketball in the **gym**
(体育館でバスケットボールをする)

0181 **mountain**
マウントン
[máuntn]
つづり

名 山
▶ climb a **mountain**
(山に登る)

山の名前の前には
Mt. をつけるよ。

0182 **team**
ティーム
[ti:m]

名 チーム, (運動部の)部
▶ I joined the tennis **team** last month.
(私はテニス部に先月入りました。)

0183 **tour**
トゥアァ
[tuər]
つづり

名 旅行
▶ a bus **tour** around the city
(その市をまわるバスツアー)
関連 **trip** 名 旅行 **travel** 名 動 旅行(する)

0184 **vegetable**
ヴェヂタボゥ
[védʒtəbl]

名 野菜
▶ grow **vegetables**
(野菜を育てる)

0185 **clothes**
クロウズ
[klouz]
発音

名 衣服
▶ women's **clothes**
(女性用衣料)
関連 **cloth** 名 布

0186 **college**
カーリヂ
[kálidʒ]

名 大学
▶ go to **college**
(大学に行く)
関連 **university** 名 (総合)大学

0187 **course**
コース
[kɔːrs]
つづり

名 コース, 進路

0188 **husband**
ハズバンド
[hʌ́zbənd]
つづり

名 夫
関連 **wife** 名 妻

0189 **Italy**
イタリ
[ítəli]

名 イタリア

0190 **plane**
プレイン
[plein]

名 飛行機
▶ a **plane** ticket
(飛行機のチケット)
関連 **ship** 名 船 **train** 名 電車

airplaneを省略した語だよ。

0191 **pool**
プーゥ
[puːl]

名 プール
▶ a swimming **pool**
(水泳プール)

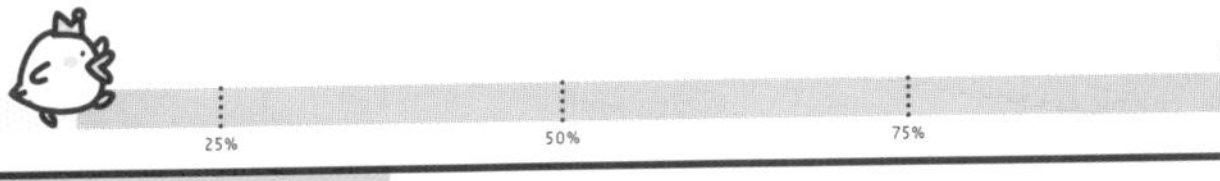

0192 **radish**
レアディシュ
[rǽdiʃ]

名 ラディッシュ, ハツカダイコン

0193 **textbook**
テクストブク
[tékstbuk]

名 教科書
▶ a math **textbook**
(数学の教科書)

0194 **America**
アメリカ
[əmérikə]

名 アメリカ

0195 **bicycle**
バーイスィコゥ
[báisikl]
つづり

名 自転車
▶ ride a **bicycle**
(自転車に乗る)
関連 **bike** 名 自転車

0196 **café**
キャフェイ
[kæféi]

名 カフェ, 軽食堂

0197 **member**
メンバァ
[mémbər]
つづり

名 メンバー, 一員
▶ become a **member** of a baseball team
(野球チームのメンバーになる)

0198 **part**
パート
[pɑːrt]

名 部分
▶ the best **part** of the movie
(その映画の最高の部分)

0199 **volunteer**
ヴァランティアァ
[vɑləntíər]
発音

名 ボランティア
▶ a museum **volunteer**
(博物館のボランティア)

0200 **New York**
ニューヨーク
[njuː jɔ́ːrk]

名 ニューヨーク
アメリカ東部の大都市。N.Y.と略すこともある。

0201 **end**
エンド
[end]

名 終わり　動 終わる
▶ the **end** of the week
(週末)
関連 **beginning** 名 始まり **begin, start** 動 始まる

0202 **grandfather**
グレアンファーザァ
[grǽndfɑːðər]

名 祖父
関連 **grandmother** 名 祖母
grandparents 名 祖父母

0203 **Hawaii**
ハワーイー
[həwɑ́ːiː]

名 ハワイ
アメリカの州の1つ。太平洋上の諸島からなる。

0204 **information**
インフォメイション
[infərméiʃən]

名 情報
▶ send **information** by e-mail
(Eメールで情報を送る)

anをつけないし，複数形にもしないよ。

0205 **Mexico**
メクスィコウ
[méksikou]

名 メキシコ

0206 **picnic**
ピクニク
[píknik]

名 ピクニック
▶ Let's have a **picnic** in the park.
(公園でピクニックをしましょう。)

0207 **sandwich**
セアンドウィチ
[sǽndwitʃ]

名 サンドイッチ
▶ I made some **sandwiches** for lunch.
(私は昼食にサンドイッチを作りました。)

0208 **sir**
サァ
[səːr]

名 あなた，お客様
▶ Good evening, **sir**.
(こんばんは，お客様。)
目上の男性に対するていねいな呼びかけのことば。

0209 **website**
ウェブサイト
[wébsait]

名 ウェブサイト
▶ Visit our **website**.
(私たちのウェブサイトを訪れてください。)

0210 **artist**
アーティスト
[ɑ́:rtist]

名 芸術家
▶ He wants to be an **artist** in the future.
(彼は将来芸術家になりたいと思っています。)
関連 **art** 名 芸術

0211 **Australia**
オーストレイリャ
[ɔ:stréiljə]
発音

名 オーストラリア

0212 **center**
センタァ
[séntər]

名 中心, センター
▶ the **center** of London
(ロンドンの中心)

0213 **dish**
ディッシュ
[diʃ]

名 皿, 料理
▶ cook some Japanese **dishes**
(日本料理を調理する)

0214 **message**
メスィヂ
[mésidʒ]

名 伝言, メッセージ
▶ write a **message** to my mother
(母にメッセージを書く)

0215 **phone**
フォウン
[foun]

名 電話 動 電話する
▶ a **phone** call
(電話の呼び出し)
関連 **cell phone** 名 携帯電話

0216 **race**
レイス
[reis]

名 競走, 人種
▶ run in a **race**
(競走で走る)

0217 **size**
サーイズ
[saiz]

名 大きさ
▶ What **size** would you like?
(どのサイズがほしいですか。)

0218 **baby**
ベイビ
[béibi]

名 赤ちゃん
複 **babies**
▶ her second **baby**
(彼女の2番めの赤ちゃん)

0219 **bank**
ベアンク
[bæŋk]
名 銀行

「(川などの) 土手」という意味もあるよ。

0220 **chip**
チップ
[tʃip]
名 (果物などの)うす切り
▶ **potato chips**
(ポテトチップ)

0221 **company**
カンパニ
[kʌ́mpəni]
名 会社
▶ a food **company**
(食品会社)

0222 **crowd**
クラーウド
[kraud]
名 群衆, 人ごみ 動 群がる
▶ a small **crowd**
(小さな群衆)
関連 **crowded** 形 こみ合った

0223 **dress**
ドレス
[dres]
名 ドレス, 服
▶ a wonderful **dress**
(すばらしいドレス)

0224 **event**
イヴェント
[ivént]
名 行事
▶ many sports **events**
(多くのスポーツイベント)

0225 **farm**
ファーム
[fɑ:rm]
名 農場
関連 **farmer** 名 農場経営者, 農家の人

0226 **future**
フューチャァ
[fjú:tʃər]
名 未来
▶ **in the future**
(将来に)

0227 **hotel**
ホウテゥ
[houtél]
発音
名 ホテル
▶ stay at a **hotel** near the beach
(ビーチの近くのホテルに滞在する)

0228 **kitchen**

キチン
[kítʃin]
つづり

名 台所
▶ a **kitchen** table
(キッチンのテーブル)

0229 **mall**

モーゥ
[mɔ:l]

名 ショッピングセンター

0230 **newspaper**

ニューズペイパァ
[njú:zpeipər]
発音

名 新聞

0231 **Thailand**

ターイレァンド
[táilænd]
つづり

名 タイ

まとめてCheck! 国・地域

日本	Japan	日本の	Japanese
タイ	Thailand	タイの	Thai
アメリカ	America	アメリカの	American
オーストラリア	Australia	オーストラリアの	Australian
カナダ	Canada	カナダの	Canadian
中国	China	中国の	Chinese
インド	India	インドの	Indian
アフリカ	Africa	アフリカの	African
韓国・朝鮮	Korea	韓国・朝鮮の	Korean

0232 **video**

ヴィディオウ
[vídiou]

名 ビデオ, 動画
▶ We are making a **video** for our website.
(私たちはウェブサイト用に動画を作っています。)

必ずおさえておくべき重要単語

英検3級形容詞・副詞など

☑ 0233 **some**
サム
[sʌm]

形 いくつかの
▶ He bought her **some** flowers.
（彼は彼女に何本かの花を買いました。）
数えられる名詞（複数形）にも数えられない名詞にも使う。

☑ 0234 **next**
ネクスト
[nekst]

形 次の
▶ The **next** movie will start at two thirty.
（次の上映は2時30分開始です。）

数えられない名詞には，much（多量の）を使うよ。

☑ 0235 **many**
メニ
[méni]

形 たくさんの
▶ **many** schools in Japan
（日本の多くの学校）
数えられる名詞に使い，あとの名詞は**複数形**にする。

☑ 0236 **last**
レアスト
[læst]

形 この前の，最後の
▶ **last** month（先月）
「この前の」という意味で，時を表す語の前で使う。
関連 **next** 形 次の　**first** 形 最初の

☑ 0237 **all**
オーゥ
[ɔ:l]

形 すべての　代 すべて
▶ **All** cookies are half price today.
（今日はすべてのクッキーが半額です。）

☑ 0238 **late**
レイト
[leit]

形 遅い，遅れた　副 遅く
▶ I had a **late** breakfast.
（私は遅い朝食を食べました。）
関連 **later** 副 あとで　**latest** 形 最新の

☑ 0239 **great**
グレイト
[greit]

形 すばらしい，偉大な
▶ It will be **great** to see you.
（あなたにお会いするのはすてきでしょう。）

☑ 0240 **every**
エヴリ
[évri]

形 毎～，どの～もみな
▶ I come here **every** Tuesday.
（私は毎週火曜日にここに来ます。）
everyのあとには**単数名詞**がくる。

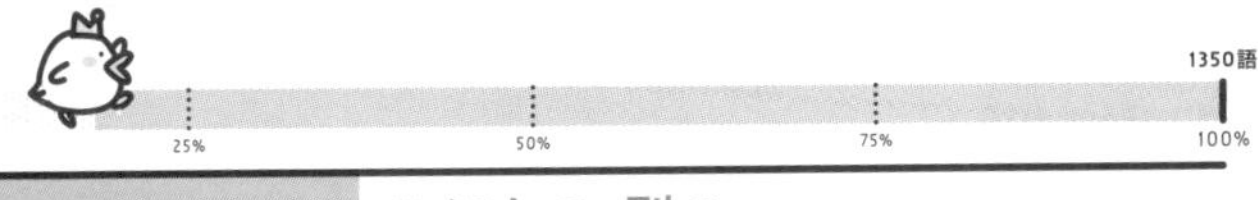

0241 **other**
アザァ
[ʌ́ðər]
発音

形 ほかの，別の
▶ Sorry, I have **other** plans this weekend.
（すみません，この週末は別の予定があります。）

0242 **sure**
シュアァ
[ʃuər]

形 確信して
▶ I **am sure** you will like it.
（あなたはきっとそれを気にいると思います。）

0243 **more**
モーァ
[mɔːr]

形 もっと多くの　副 もっと
▶ She has **more** books than Sam.
（彼女はサムよりも多くの本を持っています。）

0244 **famous**
フェイマス
[féiməs]
発音

形 有名な
比 more ～ − most ～
▶ a **famous** tennis player
（有名なテニス選手）

0245 **only**
オウンリ
[óunli]
発音

形 たった１つの　副 ただ～だけ
▶ the **only** library in our town
（町でたった１つの図書館）

0246 **much**
マッチ
[mʌtʃ]

形 たくさんの
副 とても
▶ drink too **much** water
（たくさんの水を飲みすぎる）

数えられる名詞には，many（多数の）を使うよ。

0247 **popular**
パーピュラァ
[pápjulər]
つづり

形 人気のある
比 more ～ − most ～
▶ a **popular** artist
（人気のある芸術家）

0248 **special**
スペシャゥ
[spéʃəl]

形 特別の
▶ a **special** guest
（特別ゲスト）

0249 **any**
エニ
[éni]

形 （疑問文で）いくつかの，いくらかの
▶ Do you have **any** pets?
（あなたは何かペットを飼っていますか。）
ふつう疑問文，否定文で使う。

0250 **most**
モウスト
[moust]

形 大部分の　副 最も，いちばん
▶ It will be sunny in **most** areas today.
（今日は大部分の地域で晴れるでしょう。）

0251 **free**
フリー
[fri:]

形 自由な，ひまな
▶ Are you **free** this weekend?
（あなたは今週末ひまですか。）
関連 **busy** 形 忙しい

0252 **best**
ベスト
[best]

形 最もよい　副 最もよく
比 good（よい）/ well（じょうずに）― better ― best
▶ She got the **best** grade in the class.
（彼女はクラスでいちばんよい点を取りました。）

0253 **better**
ベタァ
[bétər]
つづり

形 よりよい（goodの比較級）
副 よりよく（wellの比較級）
比 good（よい）/ well（じょうずに）― better ― best
▶ He got **better** grades in math.
（彼は数学で，もっとよい点を取りました。）
▶ I will do **better** next time.
（次はもっとうまくやるつもりです。）

0254 **happy**
ヘァピ
[hǽpi]

形 幸せな，うれしい
▶ You look **happy**.
（あなたは幸せそうに見えます。）

0255 **different**
ディファレント
[dífərənt]
発音

形 違った，さまざまな
比 more ～ ― most ～
▶ She studied **different** languages.
（彼女はさまざまな言語を学びました。）

0256 **ready**
レディ
[rédi]

形 準備ができた
▶ Are you **ready**, Becky?
（用意はいいですか，ベッキー。）

0257 **busy**
ビズィ
[bízi]
つづり

形 忙しい
▶ I was **busy** last week.
（私は先週忙しかった。）
関連 **free** 形 ひまな

0258 **Italian**
イテァリャン
[itǽljən]

形 イタリア(人・語)の
▶ an **Italian** restaurant
(イタリア料理店)

0259 **expensive**
イクスペンスイヴ
[ikspénsiv]
発音

形 高価な
比 more ～ － most ～
▶ an **expensive** camera (高いカメラ)
関連 **cheap** 形 安い

0260 **cold**
コウルド
[kould]
発音

形 寒い, 冷たい 名 かぜ
▶ It will be very **cold** tonight.
(今夜はとても寒いでしょう。)
関連 **hot** 形 暑い, 熱い

0261 **delicious**
ディリシャス
[dilíʃəs]
発音

形 とてもおいしい
▶ **delicious** tomatoes
(とてもおいしいトマト)

0262 **sunny**
サニ
[sʌ́ni]
つづり

形 明るく日のさす
▶ It is **sunny** today.
(今日は晴れています。)

「晴れた」は**fine**や**clear**で表すこともあるよ。

0263 **beautiful**
ビューティフォ
[bjúːtəfəl]

形 美しい
比 more ～－ most ～
▶ What a **beautiful** flower!
(なんて美しい花でしょう。)

0264 **cheap**
チープ
[tʃiːp]
つづり

形 安い
▶ a **cheap** tour
(安いツアー)
関連 **expensive** 形 高価な

0265 **French**
フレンチ
[frentʃ]

形 フランス(人・語)の
▶ a **French** restaurant
(フランス料理店)

0266 **interesting**
インタリスティング
[íntəristiŋ]

形 おもしろい, 興味深い
比 more ～ － most ～
▶ an **interesting** book
(おもしろい本)

0267 **enough**
イナフ [inʌ́f]
発音

形 十分な　副 十分に
▶ They don't have **enough** food.
（彼らには十分な食料がありません。）

0268 **difficult**
ディフィカルト [dífikəlt]
つづり

形 難しい
比 more ～ − most ～
▶ a **difficult** question（難しい質問）
関連 **easy** 形 簡単な　**hard** 形 難しい

0269 **sick**
スィック [sik]

形 病気の，気分が悪い
▶ become **sick**
（具合が悪くなる）

0270 **little**
リトォ [lítl]
つづり

形 小さい，少量の
比 **less** [レス] − **least** [リースト]
▶ a **little** girl
（小さな女の子）
「少量の」の意味では**数えられない名詞**の前で使う。a littleで**「少しの，少量の」**，littleだけでは**「ほとんどない」**と否定の意味になる。
関連 **small** 形 小さい

0271 **angry**
エアングリ [ǽŋgri]

形 （かんかんに）怒った
▶ My mother **got angry**.
（母は怒りました。）
関連 **anger** 名 怒り

0272 **excited**
イクサーイティド [iksáitid]

形 興奮した
▶ I am **excited** to meet your brother.
（あなたのお兄さんに会うのでわくわくしています。）

0273 **far**
ファーァ [fɑːr]

形 遠い　副 遠くに
比 **farther** − **farthest**
▶ It isn't **far** from here to the station.
（ここから駅までは遠くありません。）

0274 **able**
エイボゥ [éibl]

形 できる
▶ He will not **be able to** wake up early.
（彼は早起きできないでしょう。）
be able to ～で**「～できる」**の意味。

0275 **each**
イーチ [iːtʃ]
形 それぞれの
▶ get 100 dollars **each** week
(毎週100ドル得る)
eachのあとの名詞は単数形。Each ～が主語で現在の文なら，動詞は3単現の形だよ。

0276 **easy**
イーズィ [íːzi]
形 簡単な
▶ It is not **easy** for me to speak English.
(英語を話すのは私には簡単ではありません。)
関連 **easily** 副 簡単に **difficult** 形 難しい

0277 **glad**
グレアッド [glæd]
形 うれしい
▶ I'm **glad** you like my website.
(あなたが私のウェブサイトを気にいってくれてうれしい。)

0278 **surprised**
サァプライズド [sərpráizd]
形 驚いた
▶ I was really **surprised** then.
(私はそのとき本当に驚きました。)
関連 **surprise** 動 驚かす 名 驚き

0279 **tired**
タイアァド [táiərd]
形 疲れた
▶ I was too **tired** to do my homework.
(私は宿題ができないほど疲れていました。)

0280 **windy**
ウィンディ [wíndi]
形 風の吹く，風の強い
▶ It was **windy** yesterday.
(きのうは風が強かった。)

0281 **afraid**
アフレイド [əfréid]
形 こわがって

0282 **main**
メイン [mein]
つづり
形 おもな，主要な
▶ the **main** entrance of this library
(この図書館の正面玄関)

0283 **sad**
セアド [sæd]
形 悲しい
比 **sadder** ― **saddest**
▶ I am **sad** that you are going back so soon.
(あなたがこんなに早く帰ってしまうのは悲しい。)

☑ 0284 **such**
サチ
[sʌtʃ]

形 そのような, とても
▶ He always wears **such** nice neckties.
(彼はいつもとてもすてきなネクタイをしています。)

☑ 0285 **another**
アナザァ
[ənʌ́ðər]
発音

形 もう1つの
▶ I looked in **another** store.
(私は別の店をのぞきました。)

☑ 0286 **both**
ボウス
[bouθ]
つづり

形 両方の 代 両方
▶ I have seen **both** movies.
(私は両方の映画を見たことがあります。)

☑ 0287 **few**
フュー
[fjuː]

形 少数の
▶ I had **few** friends in Tokyo.
(私は東京にはほとんど友だちがいませんでした。)

数えられる名詞の前で使う。**a few**で**「少しの, 少数の」**, aがないと**「ほとんど〜ない」**の意味を表す。あとの名詞は複数形にする。

関連 **little** 形 少量の **many** 形 多数の

☑ 0288 **fine**
ファーイン
[fain]

形 けっこうな, 元気な
▶ I'm **fine**, thanks.
(私は元気です, ありがとう。)

☑ 0289 **full**
フゥ
[ful]

形 いっぱいの
▶ The concert hall **was full of** people.
(コンサートホールは人でいっぱいでした。)

be full of 〜で**「〜でいっぱいだ」**という意味になる。

☑ 0290 **rainy**
レイニ
[réini]

形 雨降りの
▶ a **rainy** day
(雨降りの日)

rain (雨) の語尾にyがついた形だよ。

☑ 0291 **Chinese**
チャイニーズ
[tʃainíːz]

形 中国(人・語)の 名 中国語
▶ a **Chinese** restaurant
(中華料理店)

☑ 0292 **hungry**
ハンッグリ
[hʌ́ŋgri]
つづり

形 空腹の
▶ Are you **hungry**?
(あなたはおなかがすいていますか。)
関連 **hunger** 名 空腹 **thirsty** 形 のどのかわいた

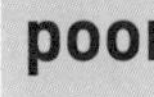

☑ 0293 **poor**
プアァ
[puər]
発音 つづり

形 貧しい, かわいそうな
▶ **poor** people
(貧しい人々)
関連 **rich** 形 金持ちの

sameは前にtheがつくことが多いよ。

☑ 0294 **same**
セイム
[seim]

形 同じ
▶ Lucy and I are in the **same** class.
(ルーシーと私は同じクラスです。)
関連 **different** 形 違った

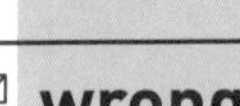

☑ 0295 **wrong**
ローンッグ
[rɔːŋ]
つづり

形 間違った, 悪い
▶ **What's wrong**, Jack?
(どうしたの, ジャック?)
関連 **right** 形 正しい

☑ 0296 **own**
オウン
[oun]

形 自分自身の
▶ my **own** room
(私自身の部屋)

my, yourなどの所有格のあとで使うよ。

☑ 0297 **Spanish**
スペァニシュ
[spǽniʃ]

形 スペイン(人・語)の 名 スペイン語
▶ a **Spanish** test
(スペイン語のテスト)

☑ 0298 **wild**
ワーイゥド
[waild]

形 野生の
▶ **wild** animals
(野生の動物)

☑ 0299 **so**
ソウ
[sou]

副 そんなに, そのように 接 それで
▶ Do not give up **so** easily.
(そんなに簡単にあきらめてはいけません。)

☑ 0300 **too**
トゥー
[tuː]

副 ~もまた, ~すぎる
▶ This problem is **too** hard.
(この問題は難しすぎます。)

0301 **very**
ヴェリ
[véri]

副 ひじょうに，とても
▶ English is **very** useful.
（英語はとても便利です。）

0302 **really**
リーァリ
[rí:əli]
つづり

副 本当に
▶ The bus was **really** crowded.
（バスは本当に混んでいました。）

0303 **now**
ナーウ
[nau]

副 今
▶ I want to watch TV **now**.
（私は今テレビが見たい。）
関連 **then** 副 そのとき

0304 **up**
アッ
[ʌp]

副 上へ
関連 **down** 副 下へ

0305 **well**
ウェゥ
[wel]

副 じょうずに，よく
比 **better** [ベタァ] － **best** [ベスト]
▶ I am doing **well** in school.
（私は学校ではよくできています。）

不規則に変化するから注意してね。

0306 **also**
オーゥソウ
[ɔ́:lsou]

副 ～もまた
▶ I **also** want a new T-shirt.
（私は新しいTシャツもほしい。）
ふつう一般動詞の前，be動詞・助動詞のあとにくる。

0307 **soon**
スーン
[su:n]

副 すぐに
▶ Are we having dinner **soon**?
（夕食はもうすぐですか。）

0308 **then**
ゼン
[ðen]

副 そのとき，それから
▶ I had a swimming lesson **then**.
（私はそのとき水泳のレッスンを受けました。）
関連 **now** 副 今

0309 **tonight**
トゥナーイト
[tənáit]
つづり

副 今夜は 名 今夜
▶ I will call you **tonight** around nine.
（私は今夜9時ごろあなたに電話します。）

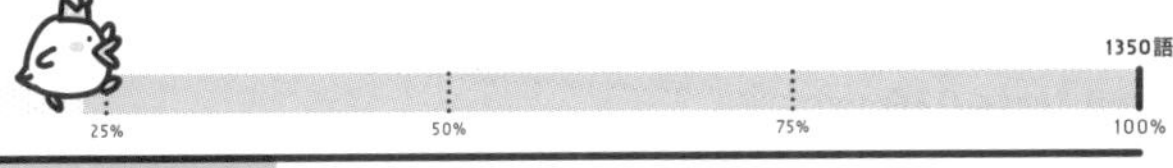

0310 **just**
ヂャスト
[dʒʌst]

副 ちょうど，ほんの
▶ I **just** finished reading this book.
（私はちょうどこの本を読み終わりました。）

0311 **often**
オーフン
[ɔ́ːfn]
つづり

副 よく，しばしば
▶ Do you **often** come here?
（あなたはよくここに来るのですか。）
ふつう**一般動詞の前**，**be動詞・助動詞のあと**にくる。

0312 **usually**
ユージュアリ
[júːʒuəli]
つづり

副 ふつうは，たいてい
▶ When do you **usually** study?
（あなたはふつういつ勉強するのですか。）
ふつう**一般動詞の前**，**be動詞・助動詞のあと**にくる。

0313 **ago**
アゴウ
[əgóu]

副 （今から）～前に
▶ She started swimming seven years **ago**.
（彼女は7年前に水泳を始めました。）

0314 **out**
アウト
[aut]

副 外へ，外に
▶ go **out**
（外出する）
関連 **in** 副 中に　**out of ～** 熟 ～の外へ，～から

0315 **always**
オーゥウェイズ
[ɔ́ːlweiz]

副 いつも
▶ The restaurant is **always** crowded.
（そのレストランはいつも混んでいます。）
ふつう**一般動詞の前**，**be動詞・助動詞のあと**にくる。

0316 **early**
ア～リィ
[ə́ːrli]
発音

副 早く　形 早い
比 **earlier** － **earliest**
▶ **early** in the morning（朝早く）
関連 **late** 副 遅く　形 遅い

0317 **together**
トゥゲザァ
[təgéðər]

副 いっしょに
▶ Let's have lunch **together**.
（いっしょに昼食を食べましょう。）

0318 **still**
スティゥ
[stil]

副 まだ
▶ Do you **still** have a cold?
（あなたはまだかぜをひいているのですか。）
ふつう**一般動詞の前**，**be動詞・助動詞のあと**にくる。

0319 **hard**
ハード
[hɑːrd]

副 一生懸命に，熱心に
▶ Jeff is working too **hard** these days.
（ジェフはこのところ熱心に働きすぎです。）

0320 **yet**
イエト
[jet]

副 (疑問文で)もう，(否定文で)まだ
▶ Have you finished your homework **yet**?
（あなたはもう宿題は終わりましたか。）
▶ I have not finished my homework **yet**.
（私はまだ宿題を終えていません。）

疑問文と否定文で意味が違うので気をつけよう。

0321 **never**
ネヴァァ
[névər]
つづり

副 決して〜ない
▶ It **never** snows there in winter.
（そこでは冬に決して雪は降りません。）
ふつう一般動詞の前，be動詞・助動詞のあとにくる。

0322 **again**
アゲン
[əgén]

副 再び，また
▶ I will go there **again** tomorrow.
（私は明日もう一度そこに行きます。）

0323 **away**
アウェイ
[əwéi]

副 離れて
▶ people from **far away**
（遠くから来た人たち）

0324 **maybe**
メイビ
[méibi]

副 もしかしたら(〜かもしれない)
▶ **Maybe** my sister knows the song.
（もしかしたら私の姉はその歌を知っています。）
関連 **probably** 副 たぶん

0325 **already**
オーゥレディ
[ɔːlrédi]
つづり

副 すでに，もう
▶ The movie has **already** started.
（映画はすでに始まっています。）
現在完了形（完了）の文でよく使う。

0326 **outside**
アウトサーイド
[autsáid]

副 外側に　名 外側　前 〜の外に
▶ I am going to go **outside** with my brother.
（私は兄と外に行くつもりです。）
関連 **inside** 副 内側に　名 内側　前 〜の中に

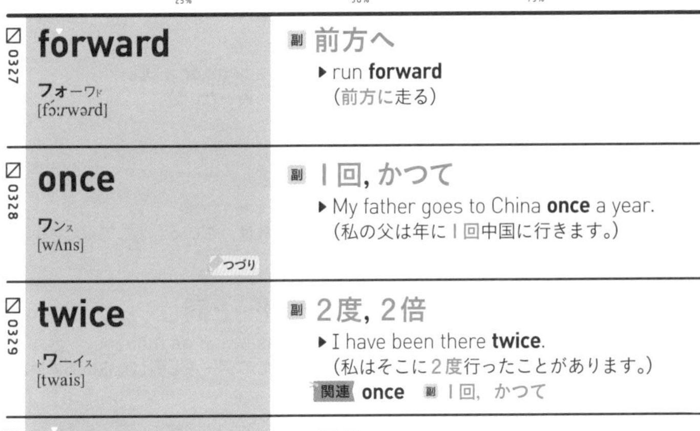

0327 **forward**
フォーワド
[fɔ́ːrwərd]

副 前方へ
▶ run **forward**
（前方に走る）

0328 **once**
ワンス
[wʌns]
つづり

副 1回, かつて
▶ My father goes to China **once** a year.
（私の父は年に1回中国に行きます。）

0329 **twice**
トワーイス
[twais]

副 2度, 2倍
▶ I have been there **twice**.
（私はそこに2度行ったことがあります。）
関連 **once** 副 1回, かつて

0330 **finally**
ファーイナリ
[fáinəli]

副 最後に, ついに
▶ He **finally** found his key in his desk.
（彼はやっとかぎを机の中に見つけました。）
関連 **final** 形 最後の **at last** 熟 最後に, ついに

0331 **instead**
インステッド
[instéd]

副 (その)代わりに
▶ They decided to go to Spain **instead**.
（彼らは代わりにスペインに行くことを決めました。）

0332 **even**
イーヴン
[íːvən]
発音

副 ～でさえ
▶ Dogs **even** help humans.
（イヌは人を助けることさえします。）

0333 **sometimes**
サムタイムズ
[sʌ́mtaimz]

副 ときどき
▶ He **sometimes** asks me difficult questions.
（彼はときどき私に難しい質問をします。）
ふつう一般動詞の前, be動詞・助動詞のあとにくる。

0334 **but**
バト
[bʌt]

接 しかし
▶ The hat is nice, **but** expensive.
（そのぼうしはすてきですが, 高いです。）

0335 **because**
ビコーズ
[bikɔ́ːz]
発音

接 なぜなら～だから
▶ He was very happy **because** his son was safe.
（彼は息子が無事だったので, とてもうれしかった。）

0336 **or**
オーァ
[ɔːr]

接 ～または…

▶ I want to buy a book **or** a CD.
(私は本かＣＤが買いたい。)

0337 **if**
イッ
[if]

接 もし～ならば

▶ Join us **if** you have time.
(もし時間があれば，ごいっしょしてください。)

0338 **as**
アズ
[æz]

接 (as … as ～で)～と同じくらい…

▶ This cake is **as** sweet **as** that one.
(このケーキはあのケーキと同じくらいあまい。)

0339 **than**
ゼァン
[ðæn]

接 前 ～よりも

▶ The question is harder **than** I thought.
(その質問は思ったよりも難しい。)

0340 **since**
スィンス
[sins]

接 ～(して)以来　前 ～以来

▶ I have lived here **since** I was born.
(私は生まれてからずっとここに住んでいます。)

現在完了形（継続）の文でよく使われる。

0341 **will**
ウィゥ
[wil]

助 ～するだろう

過 would [ウド]　短縮形 will not = won't [ウォウント]

▶ You **will** love Hawaii.
(あなたはハワイが大好きになるでしょう。)

0342 **could**
クド
[kud]
発音　つづり

助 can(～できる)の過去形

▶ He **could not** catch the train.
(彼は電車に乗ることができませんでした。)

0343 **should**
シュド
[ʃud]
つづり

助 ～したほうがよい

▶ You **should** be more careful.
(あなたはもっと慎重になるべきです。)

0344 **would**
ウド
[wud]
発音

助 will(～だろう)の過去形

▶ You said you **would** go to the soccer game.
(あなたはサッカーの試合に行くつもりだと言いました。)

0345 **must**
マスト
[mʌst]

助 ～しなければならない,～にちがいない
▶ He **must** work seven hours a day.
（彼は1日7時間働かなければなりません。）

まとめてCheck! 助動詞

will	～するだろう
can	～できる, ～してもよい
cannot	～できない, ～のはずがない
may	～してもよい, ～かもしれない
must	～しなければならない, ～にちがいない
must not	～してはならない
should	～したほうがよい

0346 **anything**
エニスィンヶ
[éniθiŋ]

代 (疑問文で)何か,
(否定文で)何も(～ない)
▶ Did you bring **anything** to eat?
（あなたは何か食べるものを持ってきましたか。）

0347 **everyone**
エッヴリワン
[évriwʌn]

代 みんな
▶ Almost **everyone** likes the song.
（ほとんどすべての人がその歌が好きです。）
単数扱いなので，現在の文では動詞は3単現の形になる。

0348 **something**
サムスィンヶ
[sʌ́mθiŋ]

代 何か, あるもの[こと]
▶ We got **something** to eat.
（私たちは何か食べるものを手に入れました。）

0349 **everything**
エッヴリスィンヶ
[évriθiŋ]

代 あらゆること[もの]
▶ We have **everything** we need.
（私たちは必要なものはすべて持っています。）

0350 **welcome**
ウェッカム
[wélkəm]

間 ようこそ　形 歓迎される
▶ **Welcome** to our school.
（私たちの学校にようこそ。）

チェックテスト

範囲P.56～85

1 Jane went to a new Italian ( ) for lunch.
1. lesson **2.** art **3.** restaurant **4.** concert
(ジェーンは新しいイタリアンレストランに昼食に行きました。)

2 I sent you ( ) this morning.
— Oh, I haven't read it yet.
1. a present **2.** an e-mail
3. a computer **4.** a photo
(今朝あなたに電子メールを送ったのですが。
— あっ，まだ読んでいません。)

3 Betty is a college student, but she works as a ( ) at a museum on weekends.
1. job **2.** crowd **3.** volunteer **4.** website
(ベティは大学生ですが，週末は博物館でボランティアとして働いています。)

4 We couldn't ski last week. There wasn't ( ) snow.
1. enough **2.** little **3.** many **4.** few
(私たちは先週スキーができませんでした。十分な雪がなかったのです。)

5 I was ( ) at the cheap price of the camera.
1. late **2.** interesting **3.** famous **4.** surprised
(私はそのカメラの安い値段に驚きました。)

答え 1 3　2 2　3 3　4 1　5 4

RANK

基本レベルの単語

この章には，英検３級で過去に複数回出題された基本単語が収録されています。空所問題だけでなく，リスニングテストやライティングでもポイントとなる重要な単語ばかりですので，意味に加えて使い方も確実にマスターしておきましょう。

基本レベルの単語

英検3級動詞

0351 **taste**
テイスト
[teist]

動 ～な味がする　名 味
▶ This pizza **tastes** delicious.
（このピザはおいしい味がする。）

0352 **understand**
アンダスタンド
[ʌndərstǽnd]
発音

動 理解する
過 **understood** [アンダストゥド] － **understood**
▶ I don't **understand** the meaning of this word.
（私はこのことばの意味がわかりません。）

0353 **answer**
エァンサァ
[ǽnsər]
つづり

動 答える　名 答え
▶ They will **answer** your questions.
（彼らはあなたの質問に答えるでしょう。）
関連 **ask** 動 たずねる　**question** 名 質問

0354 **carve**
カーヴ
[kɑːrv]

動 彫る
▶ **carve** a pumpkin for Halloween
（ハロウィーンのためにカボチャを彫る）

0355 **fly**
フライ
[flai]

動 飛ぶ, 飛行機で行く
過 **flew** [フルー] － **flown** [フロウン]　3単現 **flies**
▶ He **flew to** America.
（彼はアメリカに飛行機で行きました。）

0356 **smell**
スメウ
[smel]

動 ～なにおいがする　名 におい
▶ The soup **smells** nice.
（そのスープはいいにおいがします。）

0357 **arrive**
アライヴ
[əráiv]

動 到着する
▶ When will John **arrive**?
（ジョンはいつ着きますか。）
関連 **reach** 動 着く

0358 **marry**
メァリ
[mǽri]

動 結婚する
3単現 **marries**　過 **married**－**married**
▶ He **married** her in 2010.
（彼は2010年に彼女と結婚しました。）

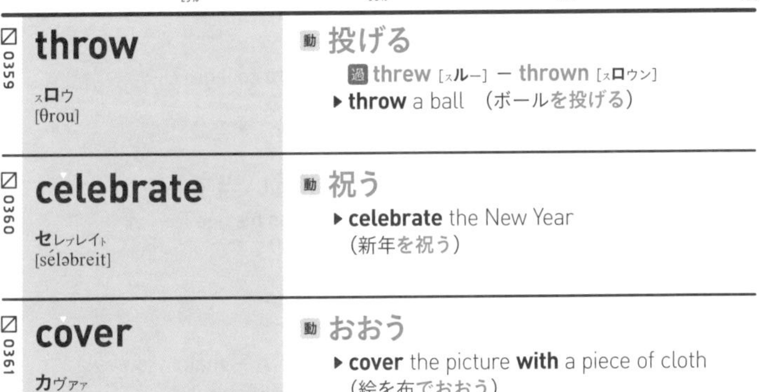
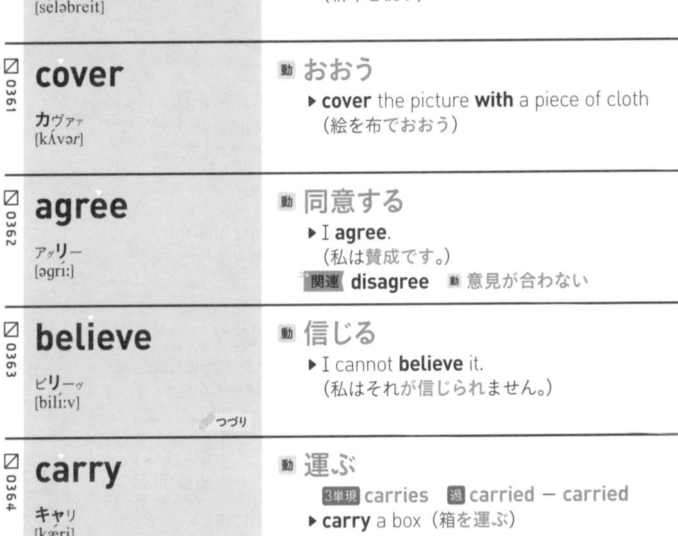

0359 **throw**
スロウ [θrou]

動 投げる
過 threw [スルー] － thrown [スロウン]
▶ **throw** a ball （ボールを投げる）

0360 **celebrate**
セレブレイト [séləbreit]

動 祝う
▶ **celebrate** the New Year
（新年を祝う）

0361 **cover**
カヴァァ [kʌ́vər]

動 おおう
▶ **cover** the picture **with** a piece of cloth
（絵を布でおおう）

0362 **agree**
アグリー [əgríː]

動 同意する
▶ I **agree**.
（私は賛成です。）
関連 **disagree** 動 意見が合わない

0363 **believe**
ビリーヴ [bilíːv]
つづり

動 信じる
▶ I cannot **believe** it.
（私はそれが信じられません。）

0364 **carry**
キャリ [kǽri]

動 運ぶ
3単現 carries 過 carried － carried
▶ **carry** a box （箱を運ぶ）

0365 **cut**
カット [kʌt]

動 切る
過 cut － cut ing形 cutting
▶ Oh, you **cut** your hair.
（ああ，髪を切りましたね。）

0366 **die**
ダーイ [dai]
発音

動 死ぬ
ing形 dying つづり
▶ He **died** in 1990. （彼は1990年に死にました。）
関連 **dead** 形 死んだ **death** 名 死

0367 **enter**
エンタァ [éntər]

動 入る，出場する
▶ I **entered** the speech contest.
（私はスピーチコンテストに出場しました。）

0368 **graduate** グレアヂュエイト [grǽdʒueit]

動 卒業する

▶ **graduate from** college（大学を卒業する）

関連 **graduation** 名 卒業

0369 **guess** ゲス [ges]

動 推測する, 言い当てる

▶ Can you **guess** his age?（彼の歳がわかりますか。）

0370 **shake** シェイク [ʃeik]

動 振る

過 **shook** [シュック] －**shaken** [シェイクン]

▶ I **shook** my head.（私は頭を横に振りました。）

0371 **cross** クロース [krɔːs]

動 横切る

▶ She **crossed** the street.（彼女は通りを渡りました。）

0372 **follow** ファーロウ [fάlou]

動 ついて行く, 従う

▶ Please **follow** the rules below.（下記の規則に従ってください。）

0373 **reach** リーチ [riːtʃ]

動 着く, 届く

▶ **reach** California（カリフォルニアに着く）

関連 **get to ～** 熟 ～に着く

「～に着く」というreachは，あとに前置詞をつけないよ。

0374 **touch** タッチ [tʌtʃ]

つづり

動 さわる

▶ He **touched** my shoulder.（彼は私の肩にふれました。）

0375 **cry** クラーイ [krai]

動 泣く, さけぶ

3単現 **cries** 過 **cried** － **cried**

▶ The girl began to **cry**.（その女の子は泣き始めました。）

0376 **fill** フィゥ [fil]

動 満たす

▶ She **filled** the box **with** candy.（彼女は箱をキャンディでいっぱいにしました。）

0377 **laugh**
レアフ
[læf]
つづり

動 (声を出して)笑う
▶ I could not stop **laughing**.
(私は笑うのを止められませんでした。)
関連 **smile** 動 ほほえむ

0378 **mix**
ミクス
[miks]

動 混ぜる
▶ **mix** eggs and milk
(卵と牛乳を混ぜる)

0379 **peel**
ピーゥ
[piːl]

動 皮をむく
▶ **peel** potatoes
(ジャガイモの皮をむく)

0380 **perform**
パフォーム
[pərfɔ́ːrm]

動 上演する, 演奏する
▶ Many musicians **performed** in the streets.
(多くのミュージシャンが通りで演奏しました。)
関連 **performance** 名 演奏, 演技

0381 **push**
プッシュ
[puʃ]

動 押す
▶ **push** a button
(ボタンを押す)
関連 **pull** 動 引く

0382 **raise**
レイズ
[reiz]
発音

動 上げる, 育てる, 飼う
▶ Some students **raised** their hands.
(何人かの生徒が手を上げました。)

0383 **relax**
リレアクス
[rilǽks]

動 くつろぐ, くつろがせる
▶ Go on holiday and just **relax**.
(休暇をとってとにかくリラックスしてください。)

0384 **rest**
レスト
[rest]

動 休む, 休息する
▶ I want to **rest** at home tonight.
(私は今夜は家で休みたい。)

0385 **serve**
サ〜ヴ
[səːrv]

動 (食事を)出す, (人に)給仕する
▶ **serve** lunch
(昼食を出す)

0386 **snowboard**

スノウボード
[snóubɔ:rd]

動 スノーボードをする

▶ **go snowboarding**
(スノーボードをしに行く)

関連 **snowboarder** 名 スノーボーダー

まとめてCheck! 動詞の語尾に -er をつけて「人」を表す語

teach (教える) → **teacher** (教師)
play (する) → **player** (選手, 演奏者)
sing (歌う) → **singer** (歌手)
snowboard (スノーボードをする) → **snowboarder** (スノーボーダー)

write (書く) → **writer** (作家)
drive (運転する) → **driver** (運転手)
paint (描く) → **painter** (画家)

チェックテスト

範囲P.88〜92

1 We went to the airport and (　　) to Hokkaido.
1. flew　**2.** raised　**3.** enjoyed　**4.** tried
(私たちは空港へ行き, 北海道に飛行機で行きました。)

2 When will the next bus (　　)?
— It should be here soon.
1. get　**2.** guess　**3.** perform　**4.** arrive
(次のバスはいつ到着しますか。—すぐ来るはずです。)

3 Did you like today's lunch? — Yes. It (　　) delicious.
1. had　**2.** ate　**3.** tasted　**4.** ordered
(今日のランチは気に入りましたか。—はい。とてもおいしかったです。)

4 I always look left and right to check for cars before I (　　) the street.
1. worry　**2.** break　**3.** carry　**4.** cross
(私は通りを横切る前に, 車を確認するためにいつも左右を見ます。)

5 Please (　　) this button when you want to open the window.
1. push　**2.** carve　**3.** peel　**4.** serve
(窓を開けたいときにはこのボタンを押してください。)

答え　1 1　2 4　3 3　4 4　5 1

RANK B 基本レベルの単語

英検3級名詞

0387 **actor**
エアクタァ
[ǽktər]

名 俳優
▶ my favorite **actor**
(私の大好きな俳優)
関連 **act** 動 演じる

0388 **cafeteria**
キャフェティァリア
[kæfətíəriə]

名 カフェテリア,(学校の)食堂
▶ Let's eat in the **cafeteria**.
(カフェテリアで食べましょう。)

0389 **customer**
カスタマァ
[kʌ́stəmər]

名 (店などの)客,顧客

0390 **factory**
フェアクトリ
[fǽktəri]

名 工場
複 **factories**
▶ a chocolate **factory**
(チョコレート工場)

0391 **fruit**
フルート
[fru:t]
つづり

名 果物
▶ eat a lot of **fruit**
(たくさんの果物を食べる)
関連 **vegetable** 名 野菜

0392 **gift**
ギフト
[gift]

名 贈り物
▶ a **gift** shop
(ギフトショップ)
関連 **present** 名 贈り物

0393 **island**
アイランド
[áilənd]
発音

名 島
▶ Many people lived on the **island**.
(多くの人がその島に住んでいました。)

0394 **kilometer**
キラーミタァ
[kilɑ́mətər]
発音

名 キロメートル
▶ The race is thirty **kilometers** long.
(その競走の距離は30キロメートルです。)
関連 **meter** 名 メートル

0395 **lake**
レイク
[leik]

名 湖
▶ We swam in the **lake**.
（私たちは湖で泳ぎました。）
関連 **pond** 名 池

0396 **language**
レアングウィヂ
[lǽŋgwidʒ]
つづり

名 言語
▶ speak many **languages**
（多くの言語を話す）

0397 **leg**
レーグ
[leg]

名 脚, 足
▶ The player broke his **leg**.
（その選手は脚を骨折しました。）
足首から上の部分をさす。

0398 **luck**
ラック
[lʌk]

名 運
▶ We often visit the shrine for good **luck**.
（私たちは幸運のためによくその神社を訪れます。）

0399 **pair**
ペアァ
[peər]
つづり

名 （2つからなるものの）1組
▶ **a** new **pair of** sneakers
（1足の新しいスニーカー）

0400 **river**
リヴァァ
[rívər]

名 川
▶ They wanted to swim in the **river**.
（彼らはその川で泳ぎたかった。）

0401 **schedule**
スケヂューゥ
[skédʒuːl]
つづり

名 予定（表）, スケジュール
▶ I will check my **schedule**.
（私はスケジュールを確認します。）

0402 **seat**
スィート
[siːt]

名 座席
▶ Where is my **seat**?
（私の席はどこですか。）

0403 **steak**
ステイク
[steik]
つづり

名 ステーキ
▶ I had **steak** for dinner.
（私は夕食でステーキを食べました。）

0404 **tiger**
ターイガァ
[táigər]
つづり

名 トラ

0405 **winner**
ウィナァ
[wínər]

名 勝利者, 受賞者
▶ the **winner** of the contest
（コンテストの優勝者）

0406 **word**
ワ～ド
[wəːrd]
発音

名 単語, 言葉
▶ English **words**
（英語の単語）

0407 **bathroom**
ベアスルーム
[bǽθruːm]

名 浴室, トイレ
▶ go to the **bathroom**
（トイレに行く）
関連 **bath** 名 ふろ

0408 **California**
キャリフォーニャ
[kæləfɔ́ːrnjə]

名 カリフォルニア州

アメリカ南西部の州だよ。

0409 **chair**
チェアァ
[tʃeər]
つづり

名 いす
▶ a beach **chair**
（ビーチチェア）

0410 **cousin**
カズン
[kʌ́zn]
発音

名 いとこ

0411 **Germany**
ヂャ～マニ
[dʒə́ːrməni]

名 ドイツ

0412 **letter**
レタァ
[létər]

名 手紙
▶ send a **letter**
（手紙を出す）

0413 **paper**
ペイパァ
[péipər]

名 紙
▶ two pieces of **paper**
（２枚の紙）
数えられない名詞で，**a piece of ～**などの形で数える。

0414 **project**
プラーヂェクト
[prɑ́dʒekt]

名 計画，企画
▶ I want to join this **project**.
（私はこの企画に参加したい。）

0415 **salad**
セァラド
[sǽləd]

名 サラダ
▶ make a **salad**
（サラダを作る）

0416 **space**
スペイス
[speis]

名 宇宙
▶ travel to **space**
（宇宙に旅行する）

0417 **storm**
ストーム
[stɔːrm]

名 嵐
▶ a big **storm**
（大きな嵐）

0418 **uniform**
ユーニフォーム
[júːnəfɔːrm]

名 制服
▶ a school **uniform**
（学校の制服）

0419 **visitor**
ヴィズィタァ
[vízitər]

名 訪問者，観光客
▶ foreign **visitors**
（外国からの観光客）
関連 **visit** 動 訪れる

0420 **Wales**
ウェイウズ
[weilz]

名 ウェールズ
イングランドの西部に接する地域。

0421 **New Zealand**
ニューズィーランド
[njuː zíːlənd]

名 ニュージーランド

0422 **accident**
エアクスィデント
[ǽksədent]

名 事故
▶ Tony was in a car **accident**.
(トニーは自動車事故にあいました。)

0423 **chance**
チェアンス
[tʃæns]

名 機会, チャンス
▶ get a **chance** to speak to a movie star
(映画スターと話す機会を得る)

0424 **coat**
コウト
[kout]
発音

名 コート
▶ a **coat** pocket
(コートのポケット)

0425 **copy**
カーピ
[kάpi]

名 コピー, 複写, (本などの)部
動 写す, コピーする
複 3単現 copies 過 copied－copied
▶ Please make ten **copies** of this report.
(このレポートのコピーを10部作ってください。)
▶ Please **copy** this report.
(このレポートをコピーしてください。)

0426 **dessert**
ディザ〜ト
[dizə́ːrt]

名 デザート
▶ order ice cream for **dessert**
(デザートにアイスクリームを注文する)

0427 **grade**
グレイド
[greid]

名 学年, 等級
▶ a sixth-**grade** student
(6年生の生徒)

0428 **group**
グループ
[gruːp]
つづり

名 集団, グループ
▶ a rock **group**
(ロックグループ)

0429 **hall**
ホーゥ
[hɔːl]

名 会館, ホール
▶ a concert **hall**
(コンサートホール)

0430 **Halloween**
ヘァロウイーン
[hæloui:n]

名 ハロウィーン
▶ a **Halloween** party
（ハロウィーンのパーティー）
万聖節の前の晩，10月31日の夜に行われるもよおし。

0431 **hand**
ヘアンド
[hænd]

名 手
▶ What do you have in your **hand**?
（あなたは手に何を持っているのですか。）

0432 **key**
キー
[ki:]
つづり

名 かぎ，秘けつ
▶ Here is the **key to** your room.
（どうぞあなたの部屋のかぎです。）

0433 **lion**
ライアン
[láiən]

名 ライオン

0434 **musician**
ミューズィシャン
[mju:zíʃən]

名 音楽家，ミュージシャン
▶ a professional **musician**
（プロのミュージシャン）

0435 **news**
ニューズ
[njú:z]
発音

名 ニュース
▶ I have some big **news**.
（大ニュースです。）
数えられない名詞。aをつけたり複数形にしたりしない。

0436 **number**
ナンバァ
[nʌ́mbər]
つづり

名 数，番号
▶ the **number** of people who live in Tokyo
（東京に住む人の数）

0437 **plant**
プレアント
[plænt]

名 植物　動 植える
▶ grow **plants**（植物を育てる）
▶ **plant** trees（木を植える）
関連 **animal** 名 動物

0438 **price**
プライス
[prais]

名 値段
▶ the **price** of tea
（茶の値段）

0439 **queen**
クウィーン
[kwiːn]

名 女王
▶ the **Queen** of England
（イングランドの女王）
関連 **king** 名 王

0440 **ship**
シップ
[ʃip]

名 船
▶ people on a **ship**
（船上の人々）

0441 **soup**
スープ
[suːp]
つづり

名 スープ
▶ make onion **soup**
（タマネギのスープを作る）

0442 **sweater**
スウェタァ
[swétər]
発音 つづり

名 セーター
▶ wear a **sweater**
（セーターを着ている）

0443 **type**
タ－イプ
[taip]

名 型，タイプ
▶ many **types** of music
（多くの種類の音楽）

動詞で「（パソコンなどで文字を）打つ」という意味もあるよ。

0444 **worker**
ワ～カァ
[wə́ːrkər]

名 働く人
▶ a zoo **worker**
（動物園で働く人）

0445 **living room**
リヴィンッグルーム
[líviŋ ruːm]

名 居間，リビングルーム
▶ in the **living room**
（居間で）

0446 **shopping mall**
シャーピンッグモーゥ
[ʃápiŋ mɔːl]

名 ショッピングモール
▶ a big **shopping mall**
（大きなショッピングモール）

0447 **bread**
ブレッド
[bred]
つづり

名 パン
▶ bake **bread**（パンを焼く）
数えられない名詞なので，aをつけたり複数形にしたりしない。

0448 **century**
センチュリ
[séntʃəri]

名 世紀
▶ in the twentieth **century**
(20世紀に)

0449 **coach**
コウチ
[koutʃ]
つづり

名 コーチ
▶ a football **coach**
(フットボールのコーチ)

0450 **experience**
イクスピリエンス
[ikspíəriəns]

名 経験 動 経験する
▶ have work **experience**
(仕事の経験を持つ)

0451 **foot**
フット
[fut]

名 足, (長さの単位で)フィート
複 **feet** [フィート]
▶ His **foot** hurts.
(彼は足が痛む。)

1フィートは約30.48cmだよ。

0452 **horse**
ホース
[hɔːrs]
つづり

名 馬
▶ ride a **horse**
(馬に乗る)

0453 **matter**
マアタァ
[mǽtər]

名 事がら, 問題
▶ **What's the matter?**
(どうしたのですか。)
相手の体調が悪そうなときなどにたずねる言い方。

0454 **model**
マードゥ
[mάdl]
発音

名 模型, 型, モデル
▶ a **model** train
(鉄道模型)

0455 **pasta**
パースタ
[pάːstə]

名 パスタ
▶ seafood **pasta**
(シーフードパスタ)

0456 **pig**
ピーグ
[pig]

名 ブタ

0457 **shower**
シャウアァ
[ʃáuər]

名 シャワー, にわか雨
▶ **take a shower**
（シャワーを浴びる）

0458 **slice**
スラーイス
[slais]

名 （薄く切った）1切れ,（パンなどの）1枚
▶ **a slice of** toast
（1枚のトースト）

0459 **taxi**
テアクスィ
[tǽksi]

名 タクシー
▶ get to the station by **taxi**
（駅にタクシーで着く）

0460 **top**
ターップ
[tɑp]

名 頂上　形 いちばん上の
▶ the **top** of the mountain（山の頂上）
▶ the **top** floor（最上階）

0461 **toy**
トーイ
[tɔi]

名 おもちゃ
▶ a **toy** store
（おもちゃ店）

0462 **wallet**
ワリト
[wɑ́lit]

名 さいふ
▶ I lost my **wallet**.
（私はさいふをなくしました。）

0463 **adult**
アダウト
[ədʌ́lt]

名 大人　形 大人の
▶ books for **adults**
（大人向けの本）
関連 **child**　名 子ども

0464 **Africa**
エアフリカ
[ǽfrikə]

名 アフリカ

0465 **aquarium**
アクウェアリアム
[əkwéəriəm]
発音

名 水族館

0466 **Boston**
ボーストン
[bɔ́stən]

名 ボストン
アメリカのマサチューセッツ州の州都。

0467 **chef**
シェフ
[ʃef]

名 シェフ, 料理人
▶ a **chef** in a famous restaurant
（有名レストランのシェフ）

0468 **classroom**
クレアスルーム
[klǽsruːm]

名 教室
▶ in a **classroom**（教室で）
関連 **class** 名 クラス, 組
classmate 名 クラスメイト

0469 **dentist**
デンティスト
[déntist]

名 歯科医
▶ go to the **dentist**
（歯医者に行く）

0470 **detective**
ディテクティヴ
[ditéktiv]

名 刑事, 探偵
▶ a **detective** story
（探偵小説）

0471 **elevator**
エレヴェイタァ
[éləveitər]
発音

名 エレベーター
▶ I usually take the **elevator**.
（私はふつうエレベーターに乗ります。）

0472 **entrance**
エントランス
[éntrəns]

名 入り口, 入学
▶ the main **entrance**
（正面玄関）
関連 **enter** 動 入る

0473 **environment**
インヴァーイランメント
[inváirənmənt]
つづり

名 環境
関連 **environmental** 形 環境の

ふつうtheをつけて使うよ。

0474 **face**
フェイス
[feis]

名 顔
▶ I washed my **face**.
（私は顔を洗いました。）

0475 **farmer**
ファーマァ
[fɑ́ːrmər]

名 農場経営者, 農家の人
関連 **farm** 名 農場

0476 **garbage**
ガービヂ
[gɑ́ːrbidʒ]
発音

名 生ごみ, くず
▶ a lot of **garbage**
(たくさんのごみ)
関連 **trash** 名 ごみ, くず

0477 **half**
ヘアフ
[hæf]
つづり

名 半分 形 半分の
複 **halves**
▶ **half an hour**
(30分, 半時間)
「1時間半」はone and a half hours と言うよ。

0478 **headache**
ヘデイク
[hédeik]
つづり

名 頭痛
▶ **have a headache**
(頭痛がする)

0479 **hobby**
ハービ
[hɑ́bi]

名 趣味
複 **hobbies**
▶ What is your **hobby**?
(あなたの趣味は何ですか。)

0480 **hometown**
ホウムタウン
[hóumtáun]

名 ふるさとの町, 故郷
▶ my **hometown** in Japan
(私の日本の故郷)

0481 **ice-skating**
アイススケイティング
[áisskeitiŋ]

名 アイススケート
▶ go **ice-skating**
(アイススケートに行く)

0482 **king**
キング
[kiŋ]

名 王
▶ the **King** of Portugal
(ポルトガルの国王)
関連 **queen** 名 女王

0483 **light**
ライト
[lait]
つづり

名 光, 信号 形 軽い
▶ a traffic **light** (交通信号)
▶ This umbrella is **light**. (このかさは軽い。)
関連 **heavy** 形 重い

0484 **magazine**
メアガズィーン
[mǽgəziːn]
つづり

名 雑誌
▶ read a **magazine**
（雑誌を読む）

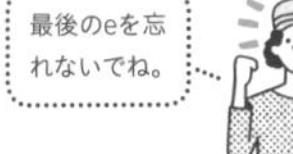

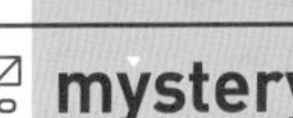

0485 **mystery**
ミステリ
[místəri]

名 不思議, ミステリー
▶ a **mystery** book
（推理小説の本）

0486 **nature**
ネイチャァ
[néitʃər]

名 自然
▶ see animals in **nature**
（自然の中の動物を見る）
関連 **natural** 形 自然の

0487 **panda**
ペアンダ
[pǽndə]

名 パンダ
▶ a baby **panda**
（赤ちゃんパンダ）

0488 **person**
パ～スン
[pə́ːrsn]

名 人
▶ a bad **person**
（悪い人）

0489 **pilot**
パーイロト
[páilət]

名 パイロット
▶ become a **pilot**
（パイロットになる）

0490 **pleasure**
プレジャァ
[pléʒər]
発音

名 楽しみ, 喜び
▶ Thank you. ―It is **my pleasure**.
（ありがとう。―どういたしまして。）

0491 **promise**
プラーミス
[prámis]

名 約束　動 約束する
▶ Don't break your **promise**.
（約束を破ってはいけません。）

0492 **ray**
レイ
[rei]

名 光線
▶ the sun's **rays**
（太陽光線）

0493 **road**
ロウド
[roud]
発音

名 道路
▶ walk along a **road**
（道路に沿って歩く）

0494 **rule**
ルーゥ
[ruːl]

名 規則
▶ the **rules** of tennis
（テニスのルール）

0495 **scientist**
サーイエンティスト
[sáiəntist]

名 科学者

0496 **Spain**
スペイン
[spein]

名 スペイン

0497 **stamp**
ステァンプ
[stæmp]

名 切手
▶ collect **stamps**
（切手を集める）

0498 **star**
スターァ
[stɑːr]

名 星，スター
▶ a movie **star**
（映画スター）

0499 **stomachache**
スタマケイク
[stʌ́məkeik]
発音

名 腹痛
▶ I **have a stomachache**.
（胃が痛い。）

0500 **sugar**
シュガァ
[ʃúgər]

名 砂糖
▶ Will you pass me the **sugar**, please?
（砂糖を取ってくれますか。）
ふつうaをつけたり，複数形にしたりしない。

0501 **wedding**
ウェディンッグ
[wédiŋ]

名 結婚式
▶ my sister's **wedding**
（私の姉の結婚式）

0502 **city hall**
スィティ ホーゥ
[siti hɔ́:l]

名 市役所
よくCity Hallと頭文字を大文字で表記する。

0503 **age**
エイヂ
[eidʒ]

名 年齢
▶ people of all **ages**
(すべての年齢の人々)

0504 **attention**
アテンション
[ətén∫ən]

名 注意
▶ **Attention**, everyone.
(皆さん，お聞きください。)

0505 **bedroom**
ベッルーム
[bédru:m]

名 寝室

0506 **bottle**
バートォ
[bátl]

名 びん
▶ recycle **bottles**
(びんをリサイクルする)

0507 **business**
ビズニス
[bíznis]
つづり

名 仕事
▶ a **business trip**
(出張)
関連 **busy** 形 忙しい

0508 **Chicago**
シカーゴウ
[∫iká:gou]

名 シカゴ
アメリカ中部の大都市。

0509 **church**
チャ〜チ
[t∫ə:rt∫]

名 教会

0510 **cloud**
クラウド
[klaud]
つづり

名 雲
▶ The sky was covered with **clouds**.
(空は雲でおおわれていました。)
関連 **cloudy** 形 くもった

0511 **drama**
ドラーマ
[drάːmə]

名 演劇, ドラマ
▶ a TV **drama**
(テレビドラマ)

0512 **ferry**
フェリ
[féri]

名 フェリー
▶ take a **ferry**
(フェリーに乗る)

0513 **garage**
ガラージ
[gərάːʒ]

名 ガレージ, 車庫

0514 **ground**
グラーウンド
[graund]

名 地面
▶ bugs that live in the **ground**
(地中にすむ虫)

0515 **hamburger**
ヘァンバーガァ
[hǽmbəːrgər]
つづり

名 ハンバーガー
▶ I would like to have a **hamburger**.
(ハンバーガーをいただきたいです。)

0516 **horror**
ホーラァ
[hɔ́ːrər]

名 恐怖, おそろしいもの
▶ a **horror** movie
(ホラー映画)

0517 **Internet**
インタネト
[íntərnet]

名 インターネット
▶ use the **Internet**
(インターネットを使う)
関連 **e-mail** 名 電子メール **web** 名 ウェブ

theをつけて, 大文字で書き始めるよ。

0518 **line**
ラーイン
[lain]

名 線, 電車の路線
▶ Write your name on the **line**.
(その線の上に名前を書いてください。)

0519 **memory**
メモリ
[méməri]

名 記憶, 思い出
複 **memories**
▶ **memories** of last summer
(この前の夏の思い出)

0520 **notice**
ノウティス
[nóutis]

名 通知
▶ What is this **notice** about?
(この通知は何についてですか。)

0521 **package**
ペアキヂ
[pǽkidʒ]
発音

名 包み, 小包
▶ send a **package** to France
(小包をフランスに送る)

0522 **painting**
ペインティング
[péintiŋ]

名 絵
▶ a beautiful **painting**
(美しい絵画)

0523 **passport**
ペアスポート
[pǽspɔːrt]

名 パスポート

0524 **performer**
パフォーマァ
[pərfɔ́ːrmər]

名 演奏者, 演者
関連 **perform** 動 上演する, 演奏する

0525 **reason**
リーズン
[ríːzn]

名 理由
▶ an important **reason** to recycle cans
(缶をリサイクルする重要な理由)
関連 **reasonable** 形 分別のある, 手ごろな

0526 **rock**
ラーク
[rɑk]

名 岩, ロック
▶ a **rock** concert
(ロックコンサート)

0527 **Scotland**
スカートランド
[skɑ́tlənd]

名 スコットランド
イギリス北部の地方。

0528 **secret**
スィークリト
[síːkrit]
つづり

名 秘密　形 秘密の

0529 **sign**
サーイン
[sain]
つづり

名 標識, 看板, 記号
動 サインする
▶ Look at that **sign**.
(あの標識を見てください。)

signのgは発音しないよ。

0530 **staff**
スタァフ
[stæf]

名 職員, スタッフ
ふつう単数形で，集合的に職員全体をさす。1人のスタッフはstaff memberという。

0531 **statue**
スタァチュー
[stǽtʃuː]
つづり

名 像
▶ a Buddha **statue**
(仏像)

0532 **surprise**
サァラーイズ
[sərpráiz]

名 驚き
▶ My parents gave me a birthday **surprise**.
(両親は私に誕生日に驚くものをくれました。)
関連 **surprised** 形 驚いた

0533 **symbol**
スィンボゥ
[símbəl]
つづり

名 象徴
▶ a **symbol** of love and peace
(愛と平和の象徴)

0534 **table tennis**
テイボゥテニス
[téibl tenis]

名 卓球
▶ play **table tennis**
(卓球をする)

0535 **tooth**
トゥース
[tuːθ]

名 歯
複 **teeth** [ティース]
▶ Cats have sharp **teeth**.
(ネコは鋭い歯を持っています。)

0536 **war**
ウォーァ
[wɔːr]
発音

名 戦争
▶ World **War** II（第二次世界大戦）
World War Twoと読む。
関連 **peace** 名 平和

0537 **San Francisco**
セァン フランスィスコウ
[sæn frənsískou]

名 サンフランシスコ

アメリカ西部の都市だよ。

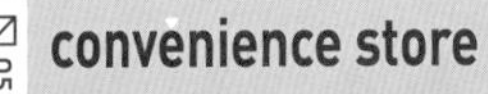

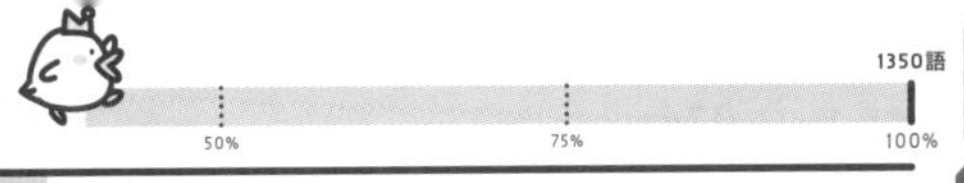

☑ 0538 **convenience store**
コンヴィーニエンスストーァ
[kənvíːnjəns stɔːr]

名 コンビニエンスストア
関連 **convenient** 形 便利な

☑ 0539 **department store**
ディパートメントストーァ
[dipáːrtmənt stɔːr]

名 デパート

☑ 0540 **air**
エアァ
[eər]
つづり

名 空気, 空
▶ the **air** force
(空軍)

☑ 0541 **apartment**
アパートメント
[əpáːrtmənt]

名 アパート, マンション
▶ live in an **apartment**
(アパートに住む)

☑ 0542 **astronaut**
エアストロノート
[ǽstrənɔːt]
つづり

名 宇宙飛行士
▶ I want to be an **astronaut**.
(私は宇宙飛行士になりたい。)

☑ 0543 **boxer**
バークサァ
[báksər]

名 ボクサー
▶ a famous **boxer**
(有名なボクサー)

☑ 0544 **carrot**
キャロト
[kǽrət]

名 にんじん
▶ Please peel these **carrots**.
(これらのにんじんをむいてください。)

rを２つ書くことに注意しよう。

☑ 0545 **classmate**
クレアスメイト
[klǽsmeit]

名 クラスメイト
関連 **class** 名 クラス, 組
classroom 名 教室

☑ 0546 **corner**
コーナァ
[kɔ́ːrnər]

名 角(かど)
▶ Turn right at the next **corner**.
(次の角を右に曲がりなさい。)

0547 **culture**
カッチャァ
[kʌ́ltʃər]
つづり

名 文化
▶ Japanese **culture**
(日本文化)

0548 **difference**
ディファレンス
[dífərəns]

名 違い
▶ **differences between** Chinese **and** Japanese culture (中国と日本の文化の違い)
関連 **different** 形 違った

0549 **ear**
イアァ
[iər]

名 耳

0550 **exercise**
エクササーイズ
[éksərsaiz]
つづり

名 運動
▶ I need some **exercise**.
(私は運動が必要です。)

0551 **fan**
フェアン
[fæn]

名 ファン，うちわ
▶ a **fan** of the Giants
(ジャイアンツファン)

0552 **fever**
フィーヴァァ
[fíːvər]

名 (病気の)熱
▶ I **had a fever**.
(私は熱がありました。)

0553 **flag**
フレアグ
[flæg]

名 旗
▶ the Italian **flag**
(イタリアの旗)

0554 **football**
フットボーゥ
[fútbɔːl]

名 フットボール
▶ a **football** game
(フットボールの試合)
関連 **soccer** 名 サッカー

0555 **fry**
フラーイ
[frai]

名 (複数形で)フライドポテト
動 油で揚げる
複 **fries**
▶ **French fries** (フライドポテト)

0556 **head**
ヘッド
[hed]
名 頭
▶ My **head** hurts.
（頭が痛いです。）

0557 **hero**
ヒーロウ
[híːrou]
名 英雄, ヒーロー

0558 **hill**
ヒゥ
[hil]
名 丘

0559 **India**
インディア
[índiə]
名 インド

0560 **kilogram**
キログレアム
[kíləgræm]
名 キログラム
▶ three **kilograms**
（3キログラム）

0561 **land**
レアンド
[lænd]
名 陸地, 土地
▶ animals on **land**
（陸上の動物）
関連 **sea** 名 海

0562 **marathon**
メアラサーン
[mǽrəθɑn]
つづり
名 マラソン
▶ run in a **marathon**
（マラソンを走る）

「マラソン」はmarathon raceともいうよ。

0563 **million**
ミリョン
[míljən]
名 100万 形 100万の
▶ **ten million**
（1000万）

0564 **mirror**
ミラァ
[mírər]
つづり
名 鏡
▶ Look in the **mirror**.
（鏡を見てみなさい。）

☐ 0565 **mistake**
ミステイク
[mistéik]

名 誤り　動 誤解する
過 mistook [ミストゥク] ― mistaken [ミステイクン]
▶ a spelling **mistake**
（つづりの間違い）

☐ 0566 **noise**
ノーイズ
[nɔiz]

名 物音, 騒音
▶ hear a **noise**
（物音を聞く）
関連 **noisy** 形 うるさい，さわがしい

☐ 0567 **opinion**
アピニョン
[əpínjən]

名 意見
▶ my **opinion**
（私の意見）

☐ 0568 **Paris**
ペアリス
[pǽris]
発音

名 パリ

フランスの
首都だよ。

☐ 0569 **peach**
ピーチ
[pi:tʃ]

名 もも

☐ 0570 **pocket**
パーキト
[pákit]

名 ポケット
▶ He looked in his coat **pockets**.
（彼はコートのポケットをのぞきました。）

☐ 0571 **police**
ポリース
[pəlí:s]

名 警察
▶ a **police** officer
（警察官）

the police は警察全体
を表すので，複数扱い
をするよ。

☐ 0572 **pollution**
ポルーション
[pəlú:ʃən]

名 汚染
▶ water **pollution**
（水質汚染）

☐ 0573 **Rome**
ロウム
[roum]

名 ローマ

イタリアの
首都だよ。

0574 **safe**
セイフ
[seif]

名 金庫　形 安全な
関連 **dangerous** 形 危険な

0575 **salt**
ソーウト
[sɔːlt]

名 塩
▶ add some **salt** to the soup
（スープに塩を加える）

0576 **scissors**
スィザズ
[sízərz]
つづり

名 はさみ

複数扱いをするよ。また，数えるときは，a pair of scissorsと言うよ。

0577 **section**
セクション
[sékʃən]

名 区画，部分，部門

0578 **sneaker**
スニーカァ
[sníːkər]

名 スニーカー
▶ a pair of black **sneakers**
（黒いスニーカー1足）

0579 **sock**
サーク
[sɑk]

名 (短い)くつ下，ソックス
▶ tennis **socks**
（テニスソックス）
ふつう複数形で使う。

0580 **toast**
トウスト
[toust]

名 トースト
▶ one slice of **toast**
（トースト1枚）

0581 **Toronto**
トラーントウ
[tərɑ́ntou]

名 トロント
カナダ南東部の都市。

0582 **trouble**
トラボウ
[trʌ́bl]
つづり

名 困ること，困難
▶ I do not want to get in **trouble**.
（私はやっかいなことにはなりたくありません。）

RANK B

基本レベルの単語

英検3級形容詞・副詞など

0583 **cloudy**
クラウディ
[kláudi]

形 くもった
▶ It will be **cloudy** this afternoon.
(今日の午後はくもりでしょう。)
関連 **cloud** 名 雲

0584 **important**
インポータント
[impɔ́ːrtənt]

形 重要な
比 more ～ － most ～
▶ an **important** meeting
(重要な会議)

0585 **dangerous**
デインヂャラス
[déindʒərəs]

形 危険な
比 more ～ － most ～
▶ This fruit is **dangerous** to eat.
(この果物は食べるのは危険です。)

0586 **fast**
フェアスト
[fæst]

形 速い 副 速く
▶ a **fast** runner
(速い走者)
▶ He can swim **faster** than Jim.
(彼はジムよりも速く泳げます。)
関連 **early** 副 早く 形 早い
slowly 副 ゆっくりと

0587 **professional**
プロフェショナゥ
[prəféʃənəl]
つづり

形 プロの, 専門的な
▶ a **professional** golfer
(プロゴルファー)

0588 **warm**
ウォーム
[wɔːrm]
発音

形 暖かい, 温かい
▶ Tomorrow will be sunny and **warm**.
(明日は晴れて暖かいでしょう。)

0589 **American**
アメリカン
[əmérikən]

形 アメリカ(人)の 名 アメリカ人
▶ **American** culture (アメリカの文化)
▶ **Americans** like baseball.
(アメリカ人は野球が好きです。)

0590 **exciting** イッサーイティング [iksáitiŋ]

形 わくわくさせる
比 more ～ – most ～
▶ an **exciting** event　(わくわくする催し)
関連 **excited** 形 興奮した

0591 **absent** エアブセント [ǽbsənt]

形 不在で，欠席して
▶ She **was absent from** school.
(彼女は学校を欠席しました。)

0592 **deep** ディープ [di:p]

形 深い
▶ How **deep** is the water?
(水はどのくらい深いですか。)

0593 **funny** ファニ [fʌ́ni] つづり

形 おかしな，おもしろい
比 **funnier – funniest**
▶ a **funny** story
(おかしな話)

0594 **interested** インタリスティド [íntəristid]

形 興味がある
比 more ～ – most ～
▶ If you are **interested**, e-mail Tom.
(興味があれば，トムにメールしてください。)

0595 **Mexican** メクスィカン [méksikən]

形 メキシコ(人)の
▶ **Mexican** food
(メキシコ料理)

0596 **Scottish** スカーティシュ [skátiʃ]

形 スコットランド(人)の
▶ **Scottish** music
(スコットランドの音楽)

0597 **true** トルー [tru:]

形 本当の
▶ It is **true** that Jane lost her bag.
(ジェーンがかばんをなくしたのは本当です。)

0598 **wet** ウェット [wet]

形 ぬれた
▶ It was raining, and we got **wet**.
(雨が降っていたので，私たちはぬれてしまいました。)
関連 **dry** 形 かわいた

☑ 0599 **wonderful**
ワンダフォ
[wʌ́ndərfl]

形 すばらしい
比 more ～ − most ～
▸ **wonderful** weather
（すばらしい天気）

☑ 0600 **alone**
アロウン
[əlóun]

形 ただひとりの　副 ひとりで
▸ My grandmother lived **alone**.
（私の祖母はひとりで暮らしていました。）

☑ 0601 **clever**
クレヴァァ
[klévər]

形 りこうな
▸ My dog is very **clever**.
（私のイヌはとてもりこうです。）

☑ 0602 **cute**
キュート
[kju:t]

形 かわいい
▸ The girl looked so **cute**.
（その女の子はとてもかわいく見えました。）

☑ 0603 **either**
イーザァ
[í:ðər]

形 どちらの～でも　副 ～もまた(…ない)
▸ **Either** day is OK.（どちらの日でもいいよ。）
▸ I don't have a computer, **either**.
（私もコンピュータを持っていません。）

☑ 0604 **excellent**
エクセレント
[éksələnt]

形 優れた, すばらしい
▸ an **excellent** swimmer
（優秀な水泳選手）

☑ 0605 **healthy**
ヘッスィ
[hélθi]

形 健康な, 健康的な
▸ **healthy** breakfast
（健康的な朝食）
関連 **health** 名 健康

☑ 0606 **Korean**
コリーアン
[kərí:ən]

形 韓国・朝鮮(人・語)の
名 韓国・朝鮮人, 韓国・朝鮮語
▸ **Korean** food
（韓国料理）

☑ 0607 **pretty**
プリティ
[príti]

形 かわいらしい, きれいな　副 かなり
比 prettier−prettiest
▸ a **pretty** doll（かわいい人形）
▸ It is **pretty** cold today.（きょうはかなり寒い。）

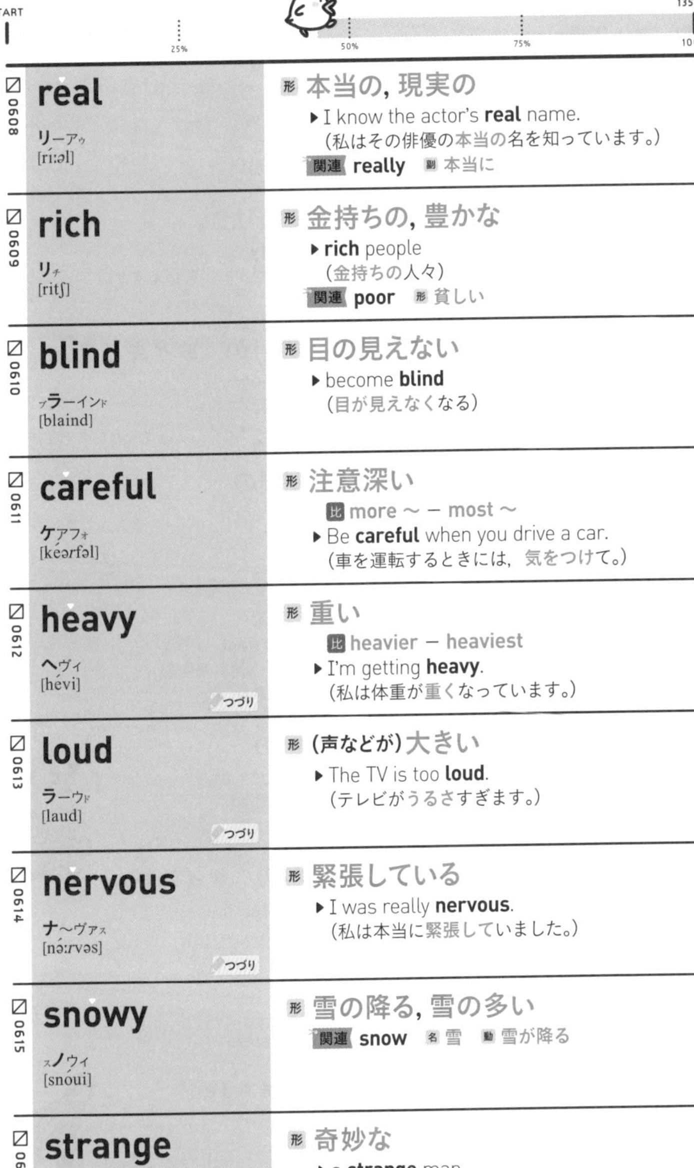

0608 **real**
リーアゥ
[ríːəl]

形 本当の, 現実の
▶ I know the actor's **real** name.
(私はその俳優の本当の名を知っています。)
関連 **really** 副 本当に

0609 **rich**
リチ
[ritʃ]

形 金持ちの, 豊かな
▶ **rich** people
(金持ちの人々)
関連 **poor** 形 貧しい

0610 **blind**
ブラーインド
[blaind]

形 目の見えない
▶ become **blind**
(目が見えなくなる)

0611 **careful**
ケアフォ
[kéərfəl]

形 注意深い
比 more ~ – most ~
▶ Be **careful** when you drive a car.
(車を運転するときには, 気をつけて。)

0612 **heavy**
ヘヴィ
[hévi]
つづり

形 重い
比 heavier – heaviest
▶ I'm getting **heavy**.
(私は体重が重くなっています。)

0613 **loud**
ラーウド
[laud]
つづり

形 (声などが) 大きい
▶ The TV is too **loud**.
(テレビがうるさすぎます。)

0614 **nervous**
ナ～ヴァス
[nə́ːrvəs]
つづり

形 緊張している
▶ I was really **nervous**.
(私は本当に緊張していました。)

0615 **snowy**
スノウィ
[snóui]

形 雪の降る, 雪の多い
関連 **snow** 名 雪 動 雪が降る

0616 **strange**
ストレインヂ
[streindʒ]

形 奇妙な
▶ a **strange** man
(奇妙な男性)
関連 **stranger** 名 見知らぬ人

0617 **strong**
ストローング
[strɔ:ŋ]

形 強い
▶ a **strong** animal
(強い動物)
関連 **weak** 形 弱い

0618 **thirsty**
サ～スティ
[θə́:rsti]
つづり

形 のどのかわいた
▶ Are you **thirsty**?
(あなたはのどがかわいていますか。)

0619 **British**
ブリティシュ
[brítiʃ]

形 イギリス(人)の 名 イギリス人
▶ a **British** company
(イギリスの会社)
the Britishで集合的に「イギリス人」という意味を表す。

0620 **daily**
デイリ
[déili]

形 日常の, 毎日の
▶ a **daily** newspaper
(日刊新聞)

0621 **dirty**
ダ～ティ
[də́:rti]
つづり

形 汚い, 汚れた
比 dirtier－dirtiest
▶ **dirty** clothes (汚れた衣服)
関連 **clean** 形 きれいな

つづりとともに, 発音にも注意しよう。

0622 **European**
ユーラピーアン
[juərəpí:ən]
つづり

形 ヨーロッパの
▶ **European** countries
(ヨーロッパの国々)

0623 **Indian**
インディアン
[índiən]

形 インド(人)の 名 インド人
▶ an **Indian** restaurant
(インド料理店)

0624 **quick**
クウィック
[kwik]

形 すばやい
▶ a **quick** answer
(すばやい返答)
関連 **quickly** 副 すばやく

0625 **quiet**
クワーイエト
[kwáiət]
つづり

形 静かな
▶ It is **quiet** here.
(ここは静かです。)
関連 **quietly** 副 静かに **noisy** 形 さわがしい

quite (かなり) との違いに気をつけてね。

0626 **shy**
シャーィ
[ʃai]
つづり

形 恥ずかしがりの
▶ She is very **shy**.
(彼女はとても恥ずかしがりです。)

0627 **silent**
サイレント
[sáilənt]
つづり

形 静かな，沈黙した
▶ Be **silent**.
(静かにしてください。)
関連 **silence** 名 沈黙

0628 **tall**
トーゥ
[tɔ:l]

形 (背が)高い
▶ a **tall** boy
(背の高い少年)
関連 **short** 形 (背が)低い **high** 形 (山などが)高い

0629 **traditional**
トラディショナゥ
[trədíʃənəl]

形 伝統的な
▶ **traditional** food
(伝統的な食べ物)
関連 **tradition** 名 伝統

0630 **usual**
ユージュアゥ
[jú:ʒuəl]

形 いつもの，ふつうの
▶ We went to our **usual** classes.
(私たちはいつもの授業に行きました。)
関連 **usually** 副 ふつうは，たいてい

0631 **wide**
ワーイド
[waid]

形 (幅が)広い，幅が～ある
▶ a **wide** river
(広い川)

0632 **almost**
オーゥモウスト
[ɔ́:lmoust]

副 ほとんど，もう少しで
▶ Dinner is **almost** ready.
(夕食はもう少しで用意できます。)

0633 **else**
エゥス
[els]

副 そのほかに
▶ Would you like anything **else**?
(何かほかのものがほしいですか。)

0634 **ever**
エヴァァ
[évər]

副 今までに
▶ Have you **ever** had Japanese food?
(あなたは今までに和食を食べたことがありますか。)
関連 **never** 副 一度も～ない

0635 **anytime**

エニタイム
[énitaim]

副 いつでも

▶ Please e-mail me **anytime**.
(いつでも私にメールしてください。)

0636 **everywhere**

エヴリウェアァ
[évrihweər]

副 どこでも

▶ There are cans and bottles **everywhere**.
(いたるところに缶とびんがあります。)

0637 **someday**

サムデイ
[sʌ́mdei]

副 (未来の)いつか

▶ I want to go to Europe **someday**.
(私はいつかヨーロッパに行きたい。)

0638 **easily**

イーズィリ
[íːzəli]

副 簡単に

比 more ～ − most ～

▶ Do not give up so **easily**.
(そんなに簡単にあきらめてはいけません。)

まとめてCheck! -ly で終わる副詞

real(本当の)	**really**(本当に)	**usual**(ふつうの)	**usually**(ふつうは)
final(最終の)	**finally**(最後に)	**easy**(簡単な)	**easily**(簡単に)
slow(遅い)	**slowly**(ゆっくりと)	**quick**(すばやい)	**quickly**(すばやく)

abroadの前に，inやtoなどの前置詞はつかないよ。

0639 **abroad**

アブロード
[əbrɔ́ːd]

つづり

副 外国に

▶ study **abroad**
(外国に留学する)

関連 **foreign** 形 外国の

0640 **anywhere**

エニウェアァ
[énihweər]

副 (肯定文で)どこへでも，(否定文で)どこにも(～ない)，(疑問文で)どこかに

▶ Did you go **anywhere** last month?
(あなたは先月どこかに行きましたか。)

0641 **certainly**

サ～トンリ
[sə́ːrtnli]

つづり

副 確かに

▶ Could you open the door? — **Certainly**.
(ドアを開けていただけますか。—承知しました。)

Certainly. で「承知しました」という意味の返事になる。

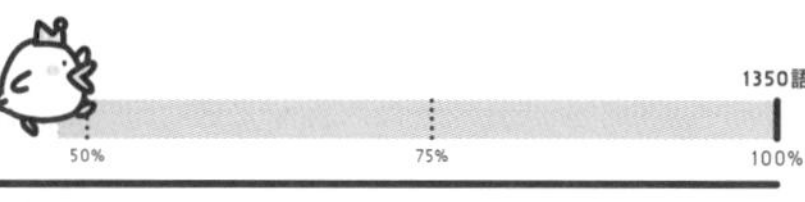

0642 **inside**
インサーイド
[insáid]

副 内側に 前 ～の中に 名 内側
▶ It's raining. Let's go **inside**.
(雨が降っています。中に入りましょう。)
関連 **outside** 副 外側に 前 ～の外に 名 外側

0643 **straight**
ストレイト
[streit]
つづり

副 まっすぐに
▶ Go **straight** and turn left at the next corner.
(まっすぐ行って次の角で左に曲がってください。)

0644 **cheaply**
チープリ
[tʃíːpli]

副 安く
▶ They sell books **cheaply**.
(彼らは本を安く売っています。)

0645 **however**
ハウエヴァァ
[hauévər]

副 しかしながら
butと同じ意味だが，より形式ばった語。

0646 **while**
フワーイゥ
[*h*wail]

接 ～する間に 名 しばらくの間
▶ Did anyone call me **while** I was out?
(留守中にだれか私に電話してきましたか。)

0647 **anyone**
エニワン
[éniwʌn]

代 (疑問文で)だれか，
(否定文で)だれも(～ない)
▶ I didn't know **anyone** there.
(私はそこのだれも知りませんでした。)

0648 **someone**
サムワン

[sʌ́mwʌn]

代 だれか
▶ **Someone** called my name.
(だれかが私の名前を呼びました。)

0649 **wow**
ワウ
[wau]

間 うわー，まあ
▶ **Wow**, this curry is delicious!
(わあ，このカレーはとてもおいしい。)
喜び，おどろきなどを表す。

0650 **U.S.**
ユーエス
[júːés]

略 (theをつけて)アメリカ合衆国
the United Statesを略した形。

チェックテスト

範囲P94～123

1 What (　　) do you speak? — English and Japanese.
1. words **2.** stories **3.** languages **4.** countries
(あなたは何の言語を話しますか。—英語と日本語です。)

2 This temple is old. It was built in the 17th (　　).
1. year **2.** century **3.** grade **4.** age
(この寺は古いです。17世紀に建てられました。)

3 I ride my bike every day. — Great. It's good (　　).
1. exercise **2.** reason **3.** accident **4.** memory
(私は毎日自転車に乗ります。—いいですね。よい運動です。)

4 Do you plan to study (　　)? — Yes. I'm going to London.
1. abroad **2.** foreign **3.** outside **4.** out
(留学するつもりですか。—はい。ロンドンに行くつもりです。)

5 I was really (　　), so I couldn't play the piano well.
1. excellent **2.** careful **3.** nervous **4.** clever
(私は本当に緊張していたので，ピアノをうまくひけませんでした。)

答え　1 3　2 2　3 1　4 1　5 3

RANK C

高得点レベルの単語

この章に収録されているのは，得点アップのキーとなる単語です。ここまで覚えておけば，英検3級に合格するための単語力は十分につきます。しっかり覚えましょう。

RANK C

高得点レベルの単語

英検3級動詞

0651 **cancel**

キャンスゥ
[kǽnsl]

動 取り消す, キャンセルする
▸ We **canceled** the picnic.
(私たちはピクニックを取りやめました。)

0652 **exchange**

イクスチェインヂ
[ikstʃéindʒ]

動 交換する
▸ **exchange** a blue T-shirt **for** a red one
(青いTシャツを赤いのと交換する)

0653 **explain**

イクスプレイン
[ikspléin]

動 説明する
▸ **explain** the rules of the game
(ゲームのルールを説明する)

fight against ～ は「～と戦う」という意味だよ。

0654 **fight**

ファーイト
[fait]

動 戦う, 闘う　名 戦い
過 fought [フォート] ー fought　つづり
▸ The two men were **fighting**.
(2人の男の人が闘っていました。)

0655 **fit**

フィット
[fit]

動 (サイズなどが)合う, ぴったり合う
過 fitted－fitted または fit－fit　ing形 fitting
▸ a **fitting** room
(試着室)

0656 **fix**

フィクス
[fiks]

動 直す, 固定する
▸ **fix** a bike
(自転車を修理する)

0657 **kick**

キック
[kik]

動 ける
▸ **kick** a ball
(ボールをける)

0658 **protect**

プロテクト
[prətékt]

動 保護する, 守る
▸ **protect** animals
(動物を保護する)

0659 **mean**
ミーン
[miːn]

動 意味する
過 meant [メント] ー meant 発音
▶ What does this Japanese word **mean**?
(この日本語は何を意味しますか。)
関連 **meaning** 名 意味

0660 **recycle**
リーサイコゥ
[riːsáikl]

動 リサイクルする
▶ **recycle** old clothes
(古い衣料をリサイクルする)

「再利用すること，リサイクル」は recycling と言うよ。

0661 **share**
シェアァ
[ʃeər]

動 分け合う，共有する
▶ Katie and I **shared** the idea.
(ケイティと私はその考えを共有しました。)

0662 **shut**
シャット
[ʃʌt]

動 閉める，閉じる
過 shut－shut
▶ **shut** the door
(ドアを閉める)

0663 **add**
エアド
[æd]

動 加える
▶ **add** some pepper to the stew
(シチューにコショウを加える)

0664 **attack**
アテアック
[ətǽk]

動 攻撃する 名 攻撃
▶ Sharks sometimes **attack** humans.
(サメはときどき人をおそいます。)

0665 **continue**
コンティニュー
[kəntínjuː]

動 続ける
▶ **continue** practice
(練習を続ける)

0666 **control**
コントロウゥ
[kəntróul]

動 コントロールする，管理する
過 controlled－controlled
▶ **control** a robot
(ロボットを制御する)

☑ 0667 **expect**
イクスペクト
[ikspékt]

動 期待する
▶ I'm **expecting** your help.
(私はあなたの助けを期待しています。)

☑ 0668 **hang**
ヘアング
[hæŋ]

動 掛ける, ぶら下がる
過 **hung** [ハング] − **hung**
▶ I **hung** my coat in the closet.
(私はコートをクローゼットにかけました。)

☑ 0669 **kill**
キゥ
[kil]

動 殺す
▶ They were **killed** in the war.
(彼らは戦争で死にました。)

☑ 0670 **knock**
ナーク
[nɑk]
つづり

動 ノックする
▶ He **knocked on** the door.
(彼はドアをノックしました。)

☑ 0671 **oversleep**
オウヴァアスリープ
[ouvərslí:p]

動 寝すごす, 寝ぼうする
過 **overslept** [オウヴァアスレプト] − **overslept**
▶ If you stay up too late, you will **oversleep**.
(夜ふかししすぎると，寝ぼうするでしょう。)

☑ 0672 **shock**
シャーク
[ʃɑk]

動 ショックを与える
名 衝撃, ショック
▶ I **was shocked** by the news.
(私はそのニュースにショックを受けました。)

☑ 0673 **spell**
スペゥ
[spel]

動 (単語を)つづる
▶ How do you **spell** the word?
(その語はどうつづりますか。)

☑ 0674 **waste**
ウェイスト
[weist]
つづり

動 むだにする　名 むだ, 廃棄物
▶ Don't **waste** your food.
(食べ物をむだにしてはいけません。)

☑ 0675 **wrestle**
レスゥ
[résl]
発音

動 レスリングをする, 格闘する
▶ He used to **wrestle** when he was young.
(彼は若いころレスリングをしていました。)

0676 **attend**
アテンド
[əténd]

動 出席する
▶ **attend** a meeting
（会議に出席する）

0677 **cheer**
チアァ
[tʃiər]

動 元気づける
▶ He **cheered** me **up**.
（彼は私を元気づけてくれました。）
cheer ～ up で「～を元気づける」。

0678 **design**
ディザーイン
[dizáin]

動 設計する　名 デザイン
▶ **design** a website
（ウェブサイトをデザインする）

0679 **hate**
ヘイト
[heit]

動 大嫌いだ，にくむ
▶ She **hates** snakes.
（彼女はヘビが大嫌いです。）

0680 **jump**
ヂャンプ
[dʒʌmp]

動 とぶ，ジャンプする
▶ We **jumped** into the water.
（私たちは水にとび込みました。）

0681 **print**
プリント
[print]

動 印刷する
▶ **print** a report
（レポートを印刷する）

0682 **publish**
パブリシュ
[pʌ́bliʃ]

動 出版する，発行する
▶ **publish** a book
（本を出版する）

0683 **pull**
プゥ
[pul]

動 引く，引っ張る
▶ I **pulled** the handle.
（私は取っ手を引きました。）
関連 **push** 動 押す

0684 **shout**
シャウト
[ʃaut]
つづり

動 さけぶ
▶ "Help!" he **shouted**.
（「助けて！」と彼はさけびました。）
関連 **cry** 動 泣く，さけぶ

☑ 0685 **rise**

ラーイズ
[raiz]

動 上がる, 昇る

過 rose [ロウズ] ―risen [リズン]

▶ The sun **rises** in the east.
(太陽は東から昇ります。)

関連 **set** 動 置く, (太陽が) 沈む

☑ 0686 **spread**

スプレッド
[spred]

つづり

動 広がる, 広まる, 広げる

過 spread―spread

▶ The news **spread** quickly.
(そのニュースはすばやく広まりました。)

よく頑張ったね！
チェックテストに挑
戦しよう。

チェックテスト

範囲P126～130

1 If it rains tomorrow, the sports event will be (　).
1. invited　**2.** collected　**3.** canceled　**4.** spent
(明日雨が降れば, そのスポーツイベントは取りやめになるでしょう。)

2 My bike broke this afternoon. — I'll (　) it now.
1. save　**2.** publish　**3.** attend　**4.** fix
(私の自転車が今日の午後こわれました。—今直してあげます。)

3 Let's take a break. We can (　) the meeting 1 hour later.
1. speak　**2.** introduce　**3.** continue　**4.** believe
(休憩をとりましょう。1時間後に会議を続けましょう。)

4 I don't like vegetables.
— Don't (　) your food. Eat everything.
1. waste　**2.** wrestle　**3.** check　**4.** forget
(野菜はきらいだよ。—食べ物をむだにしてはいけません。すべて食べなさい。)

5 Please (　) on the door before you come in.
1. shock　**2.** add　**3.** shut　**4.** knock
(中に入る前にドアをノックしてください。)

答え　1 3　2 4　3 3　4 1　5 4

RANK C 高得点レベルの単語

英検3級名詞

0687 **community**
コミューニティ [kəmjú:nəti]
名 地域社会
複 communities
▶ a **community** center
(コミュニティーセンター)

0688 **pen pal**
ペン ペアゥ [pén pæl]
名 ペンパル, 文通友だち
▶ a letter from my **pen pal**
(ペンパルからの手紙)

0689 **teachers' room**
ティーチャァズ ルーム [tí:tʃərz ru:m]
名 職員室

0690 **advice**
アドヴァイス [ədváis]
名 助言, アドバイス
▶ Can you give me some **advice**?
(私にアドバイスをもらえますか。)

0691 **capital**
キャピトゥ [kǽpətl]
名 首都
▶ The **capital** of Japan is Tokyo.
(日本の首都は東京です。)

形容詞で「大文字の」の意味もあるよ。

0692 **cloth**
クロース [klɔ:θ]
名 布
▶ a piece of **cloth**
(1枚の布)
関連 **clothes** 名 衣服

0693 **comedy**
カメディ [kámədi]
名 喜劇
▶ a **comedy** movie
(コメディ映画)

0694 **forest**
フォーリスト [fɔ́:rist]
名 森

0695 **fridge**
フリッヂ
[fridʒ]

名 冷蔵庫
▶ There are some eggs in the **fridge**.
(冷蔵庫に卵がいくつかあります。)
refrigeratorを短縮した語。

0696 **goal**
ゴウゥ
[goul]
発音

名 ゴール, 目標
▶ reach my **goal**
(私の目標を達成する)

0697 **grove**
グロウヴ
[grouv]

名 小さな森

0698 **interview**
インタヴュー
[íntərvjuː]

名 面接, インタビュー
▶ have an **interview** with a famous writer
(有名作家にインタビューする)

0699 **jeans**
ヂーンズ
[dʒiːnz]

名 ジーンズ

0700 **machine**
マシーン
[məʃíːn]
つづり

名 機械
▶ a copy **machine**
(コピー機)

0701 **manager**
メァニヂャァ
[mǽnidʒər]
発音

名 経営者, 責任者, マネージャー

0702 **meal**
ミーゥ
[miːl]

名 食事

0703 **menu**
メニュー
[ménjuː]

名 メニュー
▶ Could I see the **menu**?
(メニューを見せていただけますか。)

0704 **middle**
ミドゥ
[mídl]
名 真ん中 形 真ん中の
▶ in the **middle** of the night
(真夜中に)

0705 **mind**
マーインド
[maind]
名 心, 精神
関連 **body** 名 体, 肉体

0706 **photographer**
フォターッラファァ
[fətágrəfər]
名 写真家
関連 **photo, photograph** 名 写真

0707 **power**
パーウアァ
[páuər]
名 力, エネルギー
▶ solar **power**
(太陽エネルギー)

0708 **shrine**
シュラーイン
[ʃrain]
名 神社
関連 **temple** 名 寺

0709 **smartphone**
スマートフォウン
[smá:rtfoun]
名 スマートフォン
▶ My **smartphone** is not working.
(私のスマートフォンは動いていません。)

0710 **snake**
スネイク
[sneik]
名 ヘビ

0711 **tuna**
トゥーナ
[tjú:nə]
名 マグロ, ツナ
▶ a **tuna** sandwich
(ツナサンドイッチ)

0712 **weekday**
ウィーッデイ
[wí:kdei]
名 平日
▶ He doesn't cook dinner on **weekdays**.
(彼は平日は夕食を作りません。)

0713 **wood**
ウッド
[wud]
名 木材, (複数形で)森
▶ This chair is made of **wood**.
(このいすは木製です。)

0714 **comic book**
カーミク ブク
[kámik buk]
名 マンガ本

0715 **French fries**
フレンチ フラーイズ
[frentʃ fráiz]
名 フライドポテト

0716 **Paralympic Games**
ペァラリンピク ゲイムズ
[pærəlímpik geimz]
名 パラリンピック大会
theをつけて使う。

0717 **action**
エァクション
[ǽkʃən]
名 行動, 動作
▶ an **action** movie
(アクション映画)
関連 act 動 行動する

0718 **address**
アドレス
[ədrés]
つづり
名 住所, アドレス
▶ Please give me your e-mail **address**.
(あなたのメールアドレスを教えてください。)

0719 **adventure**
アドヴェンチャァ
[ədvéntʃər]
名 冒険
▶ an **adventure** book
(冒険物語の本)

0720 **airplane**
エアプレイン
[éərplein]
名 飛行機
単にplaneということが多い。

0721 **alarm**
アラーム
[əlá:rm]
名 目覚まし時計, 警報

0722 **amusement**
アミューズメント
[əmjúːzmənt]

名 おかしさ, 楽しみ
▶ an **amusement park**
(遊園地)

0723 **Asia**
エイジャ
[éiʒə]
発音

名 アジア
▶ Southeast **Asia**
(東南アジア)

0724 **bakery**
ベイカリィ
[béikəri]

名 パン店

0725 **beginner**
ビギナァ
[bigínər]

名 初心者
▶ a lesson for **beginners**
(初心者向けのレッスン)

0726 **Belgium**
ベッヂャム
[béldʒəm]

名 ベルギー

0727 **billion**
ビリョン
[bíljən]

名 10億 形 10億の
▶ **four billion**
(40億)
関連 **million** 名 形 100万(の)

0728 **body**
バーディ
[bádi]

名 体

0729 **button**
バトン
[bʌ́tn]
つづり

名 ボタン
▶ Don't push the **button**.
(そのボタンを押してはいけません。)

0730 **cartoon**
カートゥーン
[kaːrtúːn]
つづり

名 まんが, アニメ
▶ watch a **cartoon**
(まんがを見る)

0731 **centimeter**
セ́ンティミータァ
[séntəmiːtər]

名 センチ(メートル)
▶ eighty **centimeters**
(80センチメートル)

0732 **circle**
サ́～コゥ
[sə́ːrkl]

名 円

動詞で「～を丸で囲む」という意味もあるよ。

0733 **costume**
カ́ースチュー厶
[kástjuːm]

名 服装, 衣装
▶ a Halloween **costume**
(ハロウィーンの衣装)

0734 **county**
カ́ウンティ
[káunti]

名 郡

0735 **court**
コ́ート
[kɔːrt]

名 (テニスなどの)コート
▶ a food **court**
(フードコート)

0736 **director**
ディレ́クタァ
[diréktər]

名 (映画の)監督(かんとく), 演出家
▶ a movie **director**
(映画監督)

0737 **district**
ディ́ストリクト
[dístrikt]

名 地域, 地方
▶ a school **district**
(学区)

0738 **drugstore**
ドラ́ッグストーァ
[drʌ́gstɔːr]

名 ドラッグストア

0739 **Egypt**
イ́ーヂプト
[íːdʒipt]

名 エジプト

0740	**example** イグゼアンポウ [igzǽmpl] 発音	名 例 ▶ I'll show you an **example**. (例をお見せしましょう。)
0741	**fact** フェアクト [fǽkt]	名 事実
0742	**field** フィーウド [fi:ld] つづり	名 畑, 野原, 競技場 ▶ a soccer **field** (サッカー場)
0743	**figure** フィギュア [fígjər]	名 図, 形, 数 ▶ Look at **Figure** 2. (図2を見てください。)
0744	**firework** ファーイアァワ〜ク [fáiərwə:rk]	名 花火 ふつうfireworksと複数形で使う。
0745	**gate** ゲイト [geit]	名 門
0746	**ghost** ゴウスト [goust]	名 幽霊(ゆうれい), お化け
0747	**gold** ゴウゥド [gould]	名 金 ▶ a **gold** medal (金メダル) 関連 **golden** 形 金色の
0748	**Greece** グリース [gri:s]	名 ギリシャ

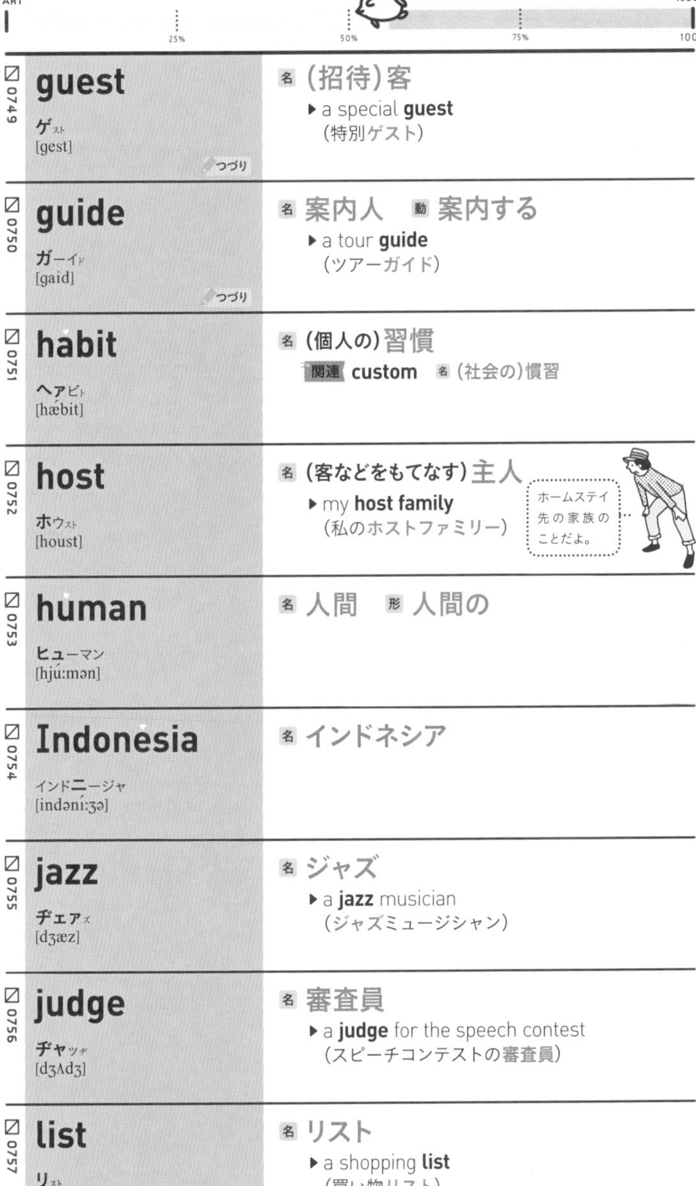

0749 **guest**
ゲスト
[gest]
つづり
名 (招待)客
▶ a special **guest**
(特別ゲスト)

0750 **guide**
ガーイド
[gaid]
つづり
名 案内人　動 案内する
▶ a tour **guide**
(ツアーガイド)

0751 **habit**
ヘァビト
[hǽbit]
名 (個人の)習慣
関連 **custom**　名 (社会の)慣習

0752 **host**
ホウスト
[houst]
名 (客などをもてなす)主人
▶ my **host family**
(私のホストファミリー)

0753 **human**
ヒューマン
[hjúːmən]
名 人間　形 人間の

0754 **Indonesia**
インドニージャ
[indəníːʒə]
名 インドネシア

0755 **jazz**
ヂェアズ
[dʒæz]
名 ジャズ
▶ a **jazz** musician
(ジャズミュージシャン)

0756 **judge**
ヂャッヂ
[dʒʌdʒ]
名 審査員
▶ a **judge** for the speech contest
(スピーチコンテストの審査員)

0757 **list**
リスト
[list]
名 リスト
▶ a shopping **list**
(買い物リスト)

0758 **market**
マーキト
[mɑ́ːrkit]

名 市場
▶ a fish **market**
(魚市場)

0759 **meter**
ミータァ
[míːtər]
発音

名 メートル
▶ six **meters**
(6メートル)

0760 **midnight**
ミドナイト
[mídnait]

名 真夜中
▶ until **midnight**
(真夜中まで)

0761 **moment**
モウメント
[móumənt]

名 ちょっとの間, 瞬間
▶ **at the moment**
(ただ今)

0762 **necklace**
ネックリス
[néklis]

名 ネックレス

0763 **performance**
パフォーマンス
[pərfɔ́ːrməns]

名 演技, 演奏
関連 **perform** 動 上演する, 演奏する

0764 **planet**
プレァニト
[plǽnit]

名 惑星

地球や火星, 木星など, 太陽のまわりを回っている星のことだよ。

0765 **pond**
パーンド
[pɑnd]

名 池

0766 **president**
プレズィデント
[prézədənt]

名 大統領, 社長, 学長
▶ the **President** of the United States
(アメリカ合衆国の大統領)
「大統領」の意味では, しばしばPresidentと表記する。

☑ 0767 **production**
プロダクション
[prədʌ́kʃən]
名 生産(高)
▶ car **production**
(車の生産)

☑ 0768 **recipe**
レスィピ
[résəpi]
発音
名 調理法, レシピ

☑ 0769 **reporter**
リポータァ
[ripɔ́ːrtər]
名 報道記者, レポーター
▶ a TV **reporter**
(テレビレポーター)
関連 **report** 名 報告 動 報告する

☑ 0770 **robot**
ロウバト
[róubɑt]
名 ロボット

☑ 0771 **salesclerk**
セイウズクラ〜ク
[séilzklə̀ːrk]
名 (売り場の)店員, 販売員

☑ 0772 **seafood**
スィーフード
[síːfuːd]
名 シーフード, 魚介類
▶ **seafood** spaghetti
(シーフードスパゲティ)

☑ 0773 **sentence**
センテンス
[séntəns]
名 文

☑ 0774 **sheet**
シート
[ʃiːt]
名 (紙などの) 1 枚, シーツ
▶ **a sheet of** paper
(1 枚の紙)

☑ 0775 **stew**
ステュー
[stjuː]
名 シチュー
▶ vegetable **stew**
(野菜シチュー)

0776 **suit**
スート
[suːt]
つづり

名 スーツ
▶ wear a **suit**
(スーツを着ている)

0777 **sunlight**
サンライト
[sʌ́nlait]

名 日光

0778 **tourist**
トゥリスト
[túərist]
つづり

名 観光客
関連 **tour** 名 旅行

0779 **tradition**
トラディション
[trədíʃən]

名 伝統
▶ Afternoon tea is an English **tradition**.
(アフタヌーン・ティーはイギリスの伝統です。)
関連 **traditional** 形 伝統的な

0780 **traveler**
トレァヴェラァ
[trǽvələr]

名 旅行者

0781 **wing**
ウィング
[wiŋ]

名 つばさ

0782 **youth**
ユース
[juːθ]

名 若いころ, 若さ
▶ the national **youth** team
(国代表のユースチーム)

0783 **activity**
エアクティヴィティ
[æktívəti]

名 活動
▶ club **activities**
(クラブ活動)
関連 **active** 形 活動的な **act** 動 行動する

0784 **ankle**
エアンコゥ
[ǽŋkl]

名 足首
▶ He broke his **ankle**.
(彼は足首を骨折しました。)

0785 **arm**
アーム [ɑːrm]
名 腕

0786 **beef**
ビーフ [biːf]
名 牛肉

0787 **block**
ブラーク [blɑk]
名 ブロック, 区画
▶ go straight two **blocks**
（2ブロックまっすぐ行く）

0788 **bookcase**
ブックケイス [búkkeis]
名 本箱

0789 **boss**
ボース [bɔːs]
名 (会社の)上司

0790 **bowl**
ボウウ [boul]
名 はち, ボウル
▶ Put some eggs in a **bowl**.
（ボウルに卵を入れてください。）

0791 **Brazil**
ブラズィウ [brəzíl]
名 ブラジル

0792 **bridge**
ブリッヂ [bridʒ]
つづり
名 橋
▶ build a **bridge**
（橋を造る）

つづりのdを忘れないでね。

0793 **calendar**
キャレンダァ [kǽləndər]
発音
名 カレンダー

0794 **candle**
キャンドゥ
[kǽndl]
名 ろうそく

0795 **ceiling**
スィーリング
[síːliŋ]
名 天井

0796 **ceremony**
セレモウニ
[sérəmouni]
名 儀式（ぎしき）
複 ceremonies

0797 **chopsticks**
チャープスティクス
[tʃápstiks]
名 （食事用の）はし
▶ a pair of **chopsticks**
（1ぜんのはし）

0798 **clerk**
クラ〜ク
[kləːrk]
名 店員

0799 **closet**
クラーズィト
[klázit]
名 クローゼット, 押入れ

0800 **clothing**
クロウズィング
[klóuðiŋ]
名 衣料品
衣服全般を集合的にさす語。

0801 **decoration**
デコレイション
[dekəréiʃən]
名 飾りつけ, 装飾

0802 **deer**
ディアァ
[diər]
名 シカ

0803 **diamond**
ダイアモンド
[dáiəmənd]

名 ダイヤモンド

0804 **discount**
ディスカウント
[dískaunt]

名 割引, 値引き
▶ a 10% **discount**
(10パーセント引き)

0805 **distance**
ディスタンス
[dístəns]

名 距離, 遠距離
▶ a long **distance**
(長距離)

0806 **documentary**
ダキュメンタリ
[dɑkjuméntəri]

名 ドキュメンタリー番組[映画]
▶ a **documentary** movie
(ドキュメンタリー映画)

0807 **doghouse**
ドーグハウス
[dɔ́:ghaus]

名 犬小屋

0808 **driver**
ドライヴァァ
[dráivər]

名 運転手
▶ a **driver**'s test
(運転免許試験)
関連 **drive** 動 運転する, 車で行く

0809 **exit**
エッズィト
[égzit]

名 出口

0810 **fee**
フィー
[fi:]

名 料金
▶ a school **fee**
(授業料)

0811 **finger**
フィンガァ
[fíŋgər]

名 (手の)指

0812 **flute**
フルート
[fluːt]

名 フルート
▶ play the **flute**
（フルートを演奏する）

0813 **glue**
グルー
[gluː]

名 接着剤, のり

0814 **grave**
グレイヴ
[greiv]

名 墓

0815 **Greek**
グリーク
[griːk]

名 ギリシャ語, ギリシャ人

0816 **happiness**
ヘアピニス
[hǽpinis]

名 幸福
▶ His present brought **happiness** to me.
（彼のプレゼントは私に幸せをもたらしました。）
関連 **happy** 形 幸せな

0817 **horizon**
ホライズン
[həráizn]

名 地平線, 水平線

0818 **humor**
ヒューマァ
[hjúːmər]

名 ユーモア, おかしみ

0819 **hurricane**
ハ～リケイン
[hə́ːrəkein]

名 ハリケーン

0820 **imagination**
イメァヂネイション
[imædʒənéiʃən]

名 想像(力)

0821 **instrument**
インストルメント
[ínstrəmənt]

名 楽器
▶ a **musical instrument**
（楽器）

0822 **interest**
インタリスト
[íntərist]
発音

名 興味
▶ He showed **interest in** the job.
（彼はその仕事に興味を示しました。）
関連 **interesting** 形 おもしろい

0823 **jacket**
ヂェアキト
[dʒǽkit]

名 ジャケット, 上着

0824 **kid**
キッド
[kid]

名 子ども
childのくだけた言い方。

0825 **limit**
リミト
[límit]

名 限度, 限界

0826 **mailbox**
メイゥバークス
[méilbɑks]

名 郵便受け
▶ He checks the **mailbox** every day.
（彼は郵便受けを毎日チェックします。）

0827 **medicine**
メドスィン
[médsən]
つづり

名 薬
▶ **medicine** for a headache
（頭痛薬）

0828 **melody**
メロディ
[mélədi]

名 メロディー

0829 **mile**
マーイゥ
[mail]

名 マイル（長さの単位）
▶ go 25 **miles**
（25マイル行く）
1マイルは約1.6km。

0830 **mouse**
マウス
[maus]
つづり

名 ネズミ
複 **mice** [マイス]

発音の似たmouth（口）と間違えないでね。

0831 **neighbor**
ネイバァ
[néibər]
つづり

名 隣人, 近所の人
▶ my **neighbor**
（私の隣人）

0832 **officer**
オーフィサァ
[ɔ́:fisər]

名 役人, 係官, 警察官
▶ a police **officer**
（警察官）

0833 **Olympics**
アリンピクス
[əlímpiks]

名 **(the Olympicsで)** 国際オリンピック大会

0834 **oven**
アヴン
[ʌ́vən]

名 オーブン

0835 **pancake**
ペアンケイク
[pǽnkeik]

名 パンケーキ

0836 **peace**
ピース
[pi:s]
つづり

名 平和
▶ live **in peace**
（平和に暮らす）
関連 **war** 名 戦争

0837 **pepper**
ペパァ
[pépər]

名 コショウ

「ピーマン」の意味もあるよ。

0838 **percent**
パセント
[pərsént]

名 パーセント
▶ Everything is thirty **percent** off today.
（今日は全品30パーセント引きです。）

0839 **playground** プレイグラウンド [pléigraund]
名 運動場, 遊び場

0840 **point** ポイント [pɔint]
名 点

0841 **pork** ポーク [pɔːrk]
名 ぶた肉

0842 **principal** プリンスィパゥ [prínsəpəl]
名 校長

0843 **program** プロウグレァム [próugræm]
名 番組, プログラム
▶ a TV **program** (テレビ番組)

0844 **puppy** パピィ [pʌ́pi]
名 子犬

0845 **quiz** クウィズ [kwiz]
名 クイズ
複 quizzes

0846 **radio** レイディオウ [réidiou] 発音
名 ラジオ
▶ listen to the **radio** (ラジオを聞く)
「ラジオ」とは発音しないよ。

0847 **ring** リング [riŋ]
名 輪, 指輪　動 鳴る
過 rang [レアング] ― rung [ラング]

0848	**safety** セイフティ [séifti]	名 安全 関連 **safe** 形 安全な
0849	**sausage** ソースィヂ [sɔ́:sidʒ]	名 ソーセージ
0850	**scene** スィーン [si:n] つづり	名 場面 ▶ **scenes** from famous movies (有名な映画の場面)
0851	**shape** シェイプ [ʃeip]	名 形 ▶ the **shape** of bananas (バナナの形)
0852	**side** サーイド [said]	名 側面 ▶ on the left **side** (左側に)
0853	**sightseeing** サーイトスィーイング [sáitsi:iŋ] つづり	名 観光 ▶ **go sightseeing** (観光に行く)
0854	**Singapore** スィンガポーァ [síŋgəpɔ:r]	名 シンガポール
0855	**smile** スマイウ [smail]	名 ほほえみ 動 ほほえむ 関連 **laugh** 動 (声を出して) 笑う
0856	**softball** ソーフトボーゥ [sɔ́:ftbɔ:l]	名 ソフトボール ▶ **softball** practice (ソフトボールの練習)

0857 **souvenir**
スーヴェニアァ [suːvəníər]
名 みやげ, 記念品
▶ a **souvenir** from Italy
(イタリアのみやげ)

0858 **stage**
ステイチ [steidʒ]
名 舞台

0859 **step**
ステップ [step]
名 歩み　動 歩く
過 stepped − stepped

0860 **stomach**
スタマック [stʌ́mək]
つづり
名 胃, 腹
▶ My **stomach** hurts.
(胃が痛い。)
関連 **stomachache** 名 腹痛

0861 **success**
サクセス [səksés]
名 成功
▶ a big **success**
(大成功)
関連 **succeed** 動 成功する

0862 **telephone**
テレフォウン [téləfoun]
名 電話
▶ talk on the **telephone**
(電話で話す)

phone（電話）はtelephoneを短縮した形だよ。

0863 **temple**
テンポゥ [témpl]
名 寺
関連 **shrine** 名 神社

0864 **toilet**
トーイリト [tɔ́ilit]
名 トイレ, 洗面所

0865 **traffic**
トレアフィク [trǽfik]
名 交通
▶ a **traffic** light
(交通信号)

ふつうgarbage（生ごみ）以外のごみをさすよ。

0866 **trash**
トレアシュ
[træʃ]

名 ごみ, くず
▶ Put your **trash** in this box.
（この箱にごみを入れてください。）
関連 **garbage** 名 生ごみ, くず

0867 **turkey**
タ～キ
[tə́ːrki]

名 シチメンチョウ
▶ cook a **turkey**
（シチメンチョウを料理する）

0868 **turtle**
タ～トゥ
[tə́ːrtl]

名 カメ

0869 **typhoon**
タイフーン
[taifúːn]

名 台風
▶ A **typhoon** is coming.
（台風が近づいています。）

0870 **view**
ヴュー
[vjuː]

名 ながめ, 物の見方
▶ a **view** of the town
（町のながめ）

0871 **village**
ヴィリヂ
[vílidʒ]
つづり

名 村
▶ a hospital in a **village**
（村の中にある病院）
関連 **town** 名 町 **city** 名 都市

0872 **voice**
ヴォーイス
[vɔis]

名 声

0873 **wind**
ウィンド
[wind]

名 風
▶ the cold **wind**
（冷たい風）

チェックテスト

範囲P132～152

1 What is the (　　) of Japan? — It's Tokyo.
1. district　**2.** capital　**3.** island　**4.** principal
(日本の首都はどこですか。—東京です。)

2 This is my e-mail (　　). If you have any questions, please e-mail me anytime.
1. address　**2.** number　**3.** schedule　**4.** stamp
(これが私のメールアドレスです。質問があれば，いつでもメールしてください。)

3 Japan is a country in (　　).
1. Asia　**2.** Europe　**3.** America　**4.** Africa
(日本はアジアの中の国です。)

4 Mr. Smith is a famous artist, and he is a (　　) for this art contest.
1. detective　**2.** dentist　**3.** judge　**4.** farmer
(スミスさんは有名な芸術家で，この美術コンテストの審査員です。)

5 This stew is very good. I'd like to know how to make it. — All right. I'll send you the (　　) by e-mail.
1. program　**2.** village　**3.** view　**4.** recipe
(このシチューはとてもおいしい。作り方が知りたいわ。—いいわよ。メールで調理法を送るわ。)

答え　1 2　2 1　3 1　4 3　5 4

RANK C 高得点レベルの単語

英検3級形容詞・副詞など

0874 **bright**
ブラーイト
[brait]
つづり

形 かがやいている, 明るい
▶ The sun was too **bright**.
(太陽が明るすぎました。)

0875 **cool**
クーゥ
[ku:l]

形 すずしい
▶ It was sunny, but **cool**.
(晴れていましたが，すずしかった。)

「かっこいい」という意味もあるよ。

0876 **dark**
ダーク
[dɑ:rk]

形 暗い
▶ Come home before it gets **dark**.
(暗くなる前に家に帰りなさい。)
関連 **light** 形 明るい

0877 **familiar**
ファミリャ
[fəmíljər]

形 よく知られた, なじみのある
比 **more ～ − most ～**
▶ a **familiar** face
(なじみのある顔)

0878 **fresh**
フレッシュ
[freʃ]

形 新鮮な
▶ **fresh** fruit
(新鮮な果物)

0879 **friendly**
フレンドリ
[fréndli]

形 友好的な, 気さくな
▶ Jason is very **friendly**.
(ジェイソンはとても気さくです。)
関連 **friend** 名 友だち

0880 **international**
インタネアショナゥ
[intərnǽʃənəl]

形 国際的な
比 **more ～ − most ～**
▶ an **international** airport
(国際空港)

0881 **less**
レス
[les]

形 より少ない
比 **little − less − least**
▶ **less than** forty (40未満)
関連 **more** 形 より多い

0882 **national** ネアショナゥ [nǽʃənəl]

形 国の, 国民の

▶ He played for the **national** team.
(彼は国の代表チームでプレーしました。)

関連 **international** 形 国際的な

0883 **peaceful** ピースフォ [píːsfəl]

形 平和な

▶ The country is **peaceful**.
(その国は平和です。)

関連 **peace** 名 平和

0884 **perfect** パ〜フェクト [pə́ːrfekt]

形 完全な, 完璧(かんぺき)な

▶ Your English is **perfect**.
(あなたの英語は完璧です。)

0885 **plastic** プレアスティク [plǽstik]

形 プラスチックの

▶ a **plastic** model of a car
(車のプラモデル)

0886 **possible** パースィボウ [pásəbl]

形 可能な, ありうる

0887 **public** パブリク [pʌ́blik]

形 公共の

▶ a **public** library
(公共図書館)

0888 **scary** スケアリ [skéəri]

形 こわい, おそろしい

▶ a **scary** movie
(こわい映画)

0889 **short** ショート [ʃɔ́ːrt]

形 短い, (背が)低い

▶ a **short** message
(短いメッセージ)

関連 **long** 形 長い **tall** 形 (背が) 高い

0890 **sleepy** スリーピ [slíːpi]

形 眠い

▶ You look **sleepy**.
(あなたは眠そうです。)

関連 **sleep** 動 眠る

0891 **asleep**
アスリーップ
[əslíːp]

形 眠って
▶ **fall asleep**
(眠りに落ちる)
関連 **sleep** 動 眠る

0892 **boring**
ボーリング
[bɔ́ːriŋ]

形 つまらない, 退屈な
比 more ～ − most ～
▶ Is fishing **boring**?
(釣りは退屈ですか。)

0893 **lucky**
ラキ
[lʌ́ki]

形 幸運な
比 luckier − luckiest
▶ You are **lucky**. (あなたは幸運です。)
関連 **luck** 名 運

0894 **narrow**
ネァロウ
[nǽrou]

形 (幅が)せまい
▶ a **narrow** street
(せまい通り)

0895 **necessary**
ネセセリ
[nésəseri]
つづり

形 必要な
比 more ～−most ～
▶ No experience **necessary**.
(経験不要。)

0896 **part-time**
パートターイム
[pɑːrttáim]

形 パート(タイム)の

0897 **Portuguese**
ポーチュギーズ
[pɔːrtʃugíːz]

形 ポルトガル(人・語)の

0898 **simple**
スインポウ
[símpl]

形 簡単な, 質素な
▶ a **simple** melody
(単純なメロディ)

0899 **smart**
スマート
[smɑːrt]

形 りこうな
▶ My dog isn't **smart**.
(私のイヌはりこうではありません。)

0900 **social** ソウシャゥ [sóuʃəl]
形 社会の
▶ **social** studies (社会科)
関連 **society** 名 社会

0901 **sweet** スウィート [swi:t]
形 あまい
▶ The cake was very **sweet**. (そのケーキはとてもあまかった。)

0902 **terrible** テリボゥ [térəbl]
形 ひどい, おそろしい
▶ The weather was **terrible** yesterday. (きのうは天気がひどかった。)

0903 **thick** スィック [θik]
形 厚い, (液体などが)濃い
▶ a **thick** book (厚い本)
関連 **thin** 形 薄い, やせた

0904 **upset** アップセット [ʌpsét]
形 気を悪くした, 動揺した
▶ feel **upset** (気を悪くする, 怒る)

0905 **useful** ユースフォ [jú:sfl]
形 役に立つ
比 more ~ − most ~
▶ a **useful** machine (便利な機械)
関連 **use** 動 使う 名 使用

0906 **weak** ウィーク [wi:k] つづり
形 弱い
▶ a **weak** voice (弱々しい声)

0907 **worst** ワ～スト [wə:rst]
形 最も悪い(badの最上級)
▶ the **worst** speech at the speech contest (スピーチコンテストで最も悪いスピーチ)

0908 **classical** クレアスィカゥ [klǽsikəl]
形 古典の, クラシックの
▶ **classical** music (クラシック音楽)

0909 **clear**
ｸﾘｱｧ
[kliər]
形 明白な, 晴れた, 澄んだ
▶ **clear** water
（澄んだ水）

0910 **common**
カーモン
[kámən]
形 共通の, ありふれた
比 more ～－most ～ または -er－-est
▶ use English as a **common** language
（英語を共通語として使う）

0911 **correct**
コレｸﾄ
[kərékt]
形 正しい, 正確な
▶ the **correct** answer
（正しい答え）

0912 **enjoyable**
インヂョーイアﾎﾞｩ
[indʒɔ́iəbl]
形 楽しい, おもしろい
▶ an **enjoyable** experience
（楽しい経験）

0913 **foreign**
フォーリン
[fɔ́:rin]
つづり
形 外国の
▶ **foreign** visitors
（外国からの訪問客）

0914 **helpful**
ヘｯﾌﾟフォ
[hélpfəl]
形 役に立つ
▶ **helpful** advice
（役立つアドバイス）
関連 **help** 動 手伝う, 助ける

0915 **local**
ロウカｩ
[lóukəl]
形 地元の, その地域の
▶ **local** news
（地元のニュース）

0916 **musical**
ミューズィカｩ
[mjú:zikəl]
形 音楽の, 音楽的な
▶ a **musical** performance
（音楽の演奏）
関連 **music** 名 音楽

0917 **natural**
ネアチュラｩ
[nǽtʃərəl]
形 自然の
比 more ～ － most ～
▶ the **natural** environment （自然環境）
関連 **nature** 名 自然

0918 **rental**
レントォ
[réntl]

形 レンタルの, 賃貸の

▶ a video **rental** shop
（ビデオレンタル店）

0919 **scared**
スケアド
[skeərd]
発音

形 こわがった

▶ I am **scared** to watch this movie.
（この映画を見るのはこわい。）

0920 **several**
セヴラゥ
[sévrəl]

形 いくつかの

▶ for **several** months
（数か月間）

0921 **sharp**
シャープ
[ʃɑːrp]

形 するどい

▶ **sharp** teeth
（するどい歯）

0922 **thin**
スィン
[θin]

形 薄い, やせた

▶ a **thin** coat
（薄いコート）

関連 **fat** 形 太った

0923 **unusual**
アニュージュアゥ
[ʌnjúːʒuəl]

形 ふつうでない

▶ It is **unusual** for me to eat Japanese food.
（私が和食を食べるのはめずらしい。）

0924 **whole**
ホウゥ
[houl]

形 全体の

▶ her **whole** life
（彼女の生涯ずっと）

0925 **worse**
ワ〜ス
[wəːrs]

形 より悪い

比 **bad —worse —worst**

▶ The weather got **worse**.
（天気はより悪くなりました。）

0926 **total**
トウトォ
[tóutl]

形 合計の

▶ the **total** number of car accidents
（自動車事故の総数）

0927 **probably**
プラーバブリ
[prɑ́bəbli]

副 たぶん, おそらく
▶ He will **probably** come here.
(彼はたぶんここに来るでしょう。)

0928 **quickly**
クウィックリ
[kwíkli]

副 すばやく
比 more ～ − most ～
▶ The dog ran away **quickly**.
(そのイヌはすばやく逃げました。)

0929 **badly**
ベェアドリ
[bǽdli]

副 ひどく, まずく
比 worse − worst
▶ You did **badly** on your tests.
(あなたはテストができませんでした。)

0930 **sincerely**
スィンスィアリ
[sinsíərli]
発音

副 心から
▶ **Sincerely**,
(〈手紙で〉敬具)

0931 **somewhere**
サムフウェアァ
[sʌ́mhweər]

副 どこかに
▶ Every weekend, I go **somewhere** with my sister.
(毎週末, 私は姉とどこかに行きます。)
関連 **anywhere** 副 (肯定文で) どこへでも

0932 **suddenly**
サドンリ
[sʌ́dnli]

副 突然
▶ **Suddenly**, it started raining.
(突然雨が降りはじめました。)

0933 **actually**
エアクチュアリ
[ǽktʃuəli]

副 実際には
▶ **Actually**, a lot of people visit Japan.
(実際にはたくさんの人が日本を訪れます。)

0934 **ahead**
アヘッド
[əhéd]
つづり

副 前方に
▶ run **ahead**
(前へ走る)

0935 **anymore**
エニモーァ
[enimɔ́ːr]

副 (否定文で) もう, いまは
▶ I cannot walk **anymore**.
(私はもう歩けません。)

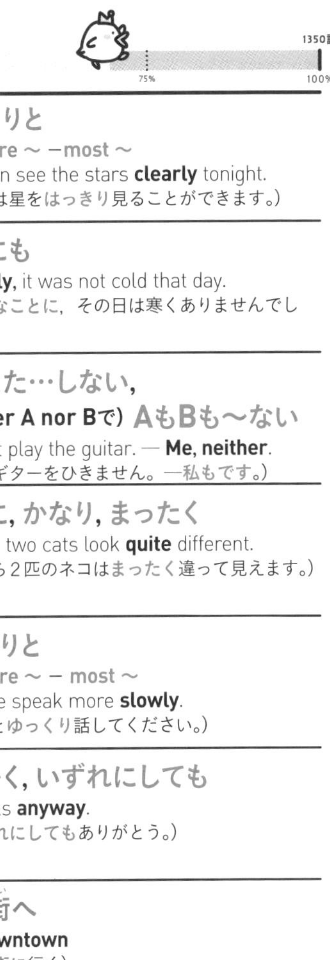

0936 **clearly**
クリアリ
[klíərli]

副 はっきりと
比 more ～ －most ～
▶ We can see the stars **clearly** tonight.
（今夜は星をはっきり見ることができます。）

0937 **luckily**
ラキリ
[lʌ́kili]

副 幸運にも
▶ **Luckily,** it was not cold that day.
（幸運なことに，その日は寒くありませんでした。）

0938 **neither**
ニーザァ
[ní:ðər]
つづり

副 ～もまた…しない，
(neither A nor Bで) AもBも～ない
▶ I don't play the guitar. — **Me, neither**.
（私はギターをひきません。—私もです。）

0939 **quite**
クワーイト
[kwait]

副 非常に，かなり，まったく
▶ These two cats look **quite** different.
（これら2匹のネコはまったく違って見えます。）

0940 **slowly**
スロウリ
[slóuli]

副 ゆっくりと
比 more ～ － most ～
▶ Please speak more **slowly**.
（もっとゆっくり話してください。）

0941 **anyway**
エニウェイ
[éniwei]

副 とにかく，いずれにしても
▶ Thanks **anyway**.
（いずれにしてもありがとう。）

0942 **downtown**
ダウンタウン
[dáuntáun]

副 繁華街（はんかがい）へ
▶ go **downtown**
（繁華街に行く）

0943 **hardly**
ハードリ
[há:rdli]

副 ほとんど～ない
▶ I can **hardly** believe the story.
（私はその話はほとんど信じられません。）

0944 **recently**
リースントリ
[rí:sntli]

副 最近，近ごろ
▶ He **recently** joined our club.
（彼は最近，私たちのクラブに入りました。）
ふつう過去か現在完了の文で用いる。

0945 **sometime**
サムタイム
[sʌ́mtaim]

副 (未来・過去の)いつか
▶ I would like to see the painting **sometime**.
(私はいつかその絵を見たい。)

0946 **although**
オーゥゾウ
[ɔːlðóu]
つづり

接 ～だけれども
▶ **Although** he is old, he walks very fast.
(彼は歳をとっていますが，とても速く歩きます。)
althoughとthoughはほぼ同じ意味。

0947 **shall**
シェアゥ
[ʃæl]

助 (Shall I ～?/ Shall we ～? で)
～しましょうか。
▶ **Shall we** go to the Chinese restaurant?
(その中華料理店に行きましょうか。)

0948 **everybody**
エッリバーディ
[évribɑdi]

代 だれでも，みんな
▶ **Everybody** knows the news.
(みんなそのニュースを知っています。)
単数扱いをすることに注意。

0949 **nothing**
ナスィンッ
[nʌ́θiŋ]
発音

代 何も～ない
▶ We had **nothing** to drink then.
(私たちにはそのとき飲み物が何もありませんでした。)

notがなくても否定の意味になるよ。

0950 **congratulations**
コンッレァチュレイションス
[kəngrætʃəléiʃənz]

間 おめでとう

RANK

最重要レベルの熟語

英検 3 級では，単語に加えて熟語もよく出題されます。RANK A に掲載されているのは 3 級を受験するにあたって，必ずおさえておくべき重要な熟語ですので，確実に覚えて使いこなせるようにしましょう。

最重要レベルの熟語

英検3級熟語

0951 **have to ～** ～しなければならない

▶ I got up late, so I **had to** run to the station.
（遅く起きたので，駅まで走らなければなりませんでした。）

助動詞mustとほぼ同じ意味を表す。toのあとには**動詞の原形**がくる。

0952 **thank you (for ～)** (～を)ありがとう

▶ **Thank you for** your e-mail.（Eメールをありがとう。）

forのあとに動詞がくるときは，Thank you for coming to my party.（パーティーに来てくれてありがとう。）のように動詞を**ing形**にする。

0953 **need to ～** ～する必要がある

▶ We **need to** move this table.（私たちはこのテーブルを動かす必要があります。）

toのあとには**動詞の原形**がくる。

0954 **from A to B** AからBまで

▶ How far is it **from** Tokyo **to** Osaka?（東京から大阪までどのくらいありますか。）

from nine to five（9時から5時まで）のように**期間**を表すことも多い。

0955 **a lot of ～** たくさんの～

▶ There were **a lot of** people in the park.（公園にはたくさんの人がいました。）

0956 **like studying** 勉強することが好きだ

▶ Do you **like studying** languages?（言語を勉強することが好きですか。）

like to studyのように，likeのあとに **〈to＋動詞の原形〉** がきても，同様に「**〜することが好きだ**」という意味になる。

0957 **talk about 〜** 〜について話す

▶ What are they **talking about**?（彼らは何について話しているのですか。）

関連 **talk to 〜**（〜と話をする，〜に話しかける）

0958 **at school** 学校で

▶ I didn't see John **at school** yesterday.
（私はきのう学校でジョンに会いませんでした。）

0959 **take me to 〜** 私を〜に連れていく

▶ My father **took me to** the zoo.（父は私を動物園に連れていってくれました。）

0960 **talk to 〜** 〜と話をする，〜に話しかける

▶ I **talked to** my mom about my classmates.
（私はクラスメートについて母と話をしました。）

関連 **speak to 〜**（〜に話しかける，〜と話す）

0961 **look for 〜** 〜を探す

▶ He is **looking for** a bookstore.（彼は書店を探しています。）

0962 **ask him to ～** 彼に～するように頼む

▶ Please **ask him to** call me.（私に電話をするように彼に頼んでください。）

himのところには，me（私に），her（彼女に），Tom（トム），my mother（私の母）など，「**人**」を表す語句がくる。

0963 **on the second floor** 2階に

▶ Kids' clothes are **on the second floor**.（子ども服は2階にあります。）

secondのところには，third（3番目の），fourth（4番目の）などの**順序**を表す数詞がくる。

0964 **a kind of ～** 一種の～

▶ Kira is **a kind of** traditional costume in Bhutan.
（キラはブータンの一種の伝統的な衣装です。）

このkindは「**種類**」という意味。

0965 **get to ～** ～に着く

▶ We **got to** the stadium at six o'clock.（私たちは6時にスタジアムに着きました。）

toのあとには**場所**を表す語句がくる。

0966 **go home** 帰宅する

▶ Jane **went home** early today.（ジェーンは今日早く帰宅しました。）

×go to homeとするのは間違い。homeの前にtoは不要。

0967 **go shopping** 買い物に行く

▶ I **went shopping** to buy a present for Luke.
（私はルークのためのプレゼントを買いに買い物に行きました。）

×go to shoppingとは言わない。

0968 ☐

like to ～

～することが好きだ

▶ Kevin **likes to** study Japanese.（ケビンは日本語を勉強することが好きです。）

like studyingのように，likeのあとに動詞の**ing形**がきても，同様に**「～することが好きだ」**という意味になる。

0969 ☐

would like to ～

～したい

▶ I'**d like to** have curry for lunch today.（私は今日の昼食にカレーが食べたいです。）

want to ～のていねいな言い方。toのあとには**動詞の原形**がくる。I'dはI wouldを短縮した形。

0970 ☐

look at ～

～を見る

▶ **Look at** my new bike.（私の新しい自転車を見て。）

look at ～→**「見ようと思って見る」**というときに使う。see→**「自然に目に入る」**というときに使う。watch→**「注意して見る」**というときに使う。

0971 ☐

look forward to ～

～を楽しみに待つ

▶ I'm **looking forward to** meeting you.（私はあなたに会うのを楽しみにしています。）

toのあとに動詞がくるときは，動詞は**ing形**にする。×looking forward to meet you とするのは間違い。

0972 ☐

move to ～

～に引っ越す

▶ Tim **moved to** California last month.
（ティムは先月カリフォルニアに引っ越しました。）

0973 ☐

on weekends

週末に

▶ We are open from ten to seven **on weekends**.
（当店は週末は10時から7時まで営業しています。）

0974
once a week
週に1回

▶ Jack practices tennis **once a week**.（ジャックは週に1回テニスの練習をします。）

onceのところにはtwice（2回），three times（3回）など**回数**を表す語句が入る。

0975
take a bus
バスに乗る

▶ We **took a bus** to the shopping mall.
（私たちはショッピングモールまでバスに乗りました。）

0976
want you to ～
あなたに～してもらいたい

▶ I **want you to** clean the bathroom today.
（今日はあなたに浴室をそうじしてもらいたいです。）

wantのあとには**「人」**，toのあとには**動詞の原形**がくる。

0977
around the world
世界中で[の]

▶ There are many festivals **around the world**.
（世界中にたくさんの祭りがあります。）

aroundは**「～の周りに，～のあちこちを」**などという意味。

0978
pick up ～
～を拾い上げる，
～を車で迎えにいく

▶ My father will **pick** you **up** at the station.
（父が駅にあなたを車で迎えにいくでしょう。）

0979
decide to ～
～しようと決心する

▶ Why did you **decide to** live here?
（なぜあなたはここに住もうと決心したのですか。）

×decide living hereとは言わない。

0980 **not any ~** 少しも～ない

▶ Ruth does**n't** speak **any** Japanese.（ルースは日本語を少しも話しません。）

0981 **plan to ~** ～するつもりである

▶ My brother **plans to** study abroad.（私の兄は外国で勉強をするつもりです。）

0982 **start learning** 学び始める

▶ She **started learning** Spanish three years ago.（彼女は3年前からスペイン語を学び始めました。）

start to learnのように，あとに**〈to＋動詞の原形〉**がきても，同様に「学び始める」という意味になる。

0983 **have been to ~** ～へ行ったことがある

▶ I **have been to** France.（私はフランスへ行ったことがあります。）

主語が**3人称単数**のときは**has** been to ～。

0984 **be good at ~** ～が得意だ，～が上手だ

▶ He **is** really **good at** math.（彼はとても数学が得意です。）

あとに動詞がくるときは，She is good at speaking English.（彼女は英語を話すのが上手だ）のように動詞は**ing形**にする。

0985 **be late for ~** ～に遅れる

▶ Mary **was late for** school today.（メアリーは今日学校に遅れました。）

0986 **because of ～** ～のために

▶ **Because of** the hurricane, there were no classes this afternoon.
（ハリケーンのため，今日の午後は授業がありませんでした。）

原因や**理由**を述べるときに使う。

0987 **one of ～** ～のうちの１つ[１人]

▶ He is **one of** the most famous soccer players in Japan.
（彼は日本で最も有名なサッカー選手の１人です。）

いくつかあるうちの１つを表すので，あとに続く名詞は**複数形**にする。

0988 **try to ～** ～しようとする

▶ What will you **try to** do this summer?
（あなたはこの夏，何をしようとするつもりですか。）

toのあとには**動詞の原形**が続く。

0989 **enjoy painting** 絵を描くことを楽しむ

▶ I **enjoy painting** in my free time.（私はひまなときに絵を描くことを楽しみます。）

enjoyのあとに動詞が続くとき，動詞を**ing形**にする。×enjoy to paintとは言わない。

0990 **go back** 戻る，帰っていく

▶ On October 7, she will **go back** to Tokyo.
（10月７日に彼女は東京へ帰るつもりです。）

0991 **of course** もちろん

▶ Will you come to our party? — **Of course** I will.
（私たちのパーティーに来てくれますか。—もちろん行きます。）

0992 **tell me to ～** 私に～するように言う

▶ My mother **told** me **to** come home early.
(母は私に早く家に帰るように言いました。)

tellのあとには「**人**」を表す語句，toのあとには**動詞の原形**がくる。

0993 **be able to ～** ～することができる

▶ He'll **be able to** finish the job by tomorrow afternoon.
(彼は明日の午後までにその仕事を終わらせることができるでしょう。)

助動詞**canとほぼ同じ意味**を表す。toのあとは，**動詞の原形**がくる。

0994 **be born** 生まれる

▶ My father **was born** in Osaka in 1975.（父は1975年に大阪で生まれました。）

was born，were bornと過去の文で使うことが多い。

0995 **by myself** 1人で，独力で

▶ I did most of the work **by myself**.（私はほとんどの仕事を1人でやりました。）

0996 **get home** 帰宅する，家に着く

▶ When Bill **got home**, his sister was watching TV.
(ビルが帰宅したとき，彼の妹はテレビを見ていました。)

関連 **leave home**（家を出る）

0997 **go and ～** ～しに行く

▶ Let's **go and** see a movie on Saturday afternoon.
(土曜日の午後，映画を見に行きましょう。)

0998
once a year 年に1回

▸ Jane takes a trip **once a year**.（ジェーンは年に1回旅行をします。）

onceのところにはtwice（2回），three times（3回）など**回数**を表す語句が入る。

0999
come back 帰ってくる，戻る

▸ Thomas **came back** from London yesterday.
（トーマスはきのうロンドンから帰ってきました。）

「～へ帰ってくる」というときは，come back to Japanのように**to**を使う。

1000
feel well 体調がよい，気分がよい

▸ I am not **feeling well**.（私は体調がよくありません。）

関連 **feel better**（体調がよりよくなる，気分がよりよくなる）

1001
have a ～ lesson ～のレッスンがある

▸ We **have a** dance **lesson** today.（私たちは今日はダンスのレッスンがあります。）

1002
have a ～ time ～な時を過ごす

▸ John **had a** good **time** at the party.（ジョンはパーティーで楽しい時を過ごしました。）

goodのほか，nice，great，wonderfulなどがくることもある。どれも「すばらしい，すてきな」という意味。

1003
wait for ～ ～を待つ

▸ I was **waiting for** my father in front of the station.
（私は駅の前で父を待っていました。）

forのあとは「人」のほかに，バス・電車などの**「乗り物」**がくることもある。

1004 work at ～
～に勤めている，～で働く

▶ Paul **works at** an art museum.（ポールは美術館に勤めています。）

1005 be from ～
～の出身である

▶ Peter **is from** England.（ピーターはイングランドの出身です。）

1006 bring A to B
AをBに持ってくる

▶ **Bring** your dictionary **to** school.（辞書を学校に持ってきなさい。）

1007 come and ～
～しに来る

▶ **Come and** see me if you have any questions.
（もし何か質問があったら私に会いに来なさい。）
andのあとには**動詞の原形**がくる。

1008 listen to ～
～を聞く，
～の言うことを聞く

▶ Stop talking and **listen to** the teacher.（話をやめて先生の言うことを聞きなさい。）

1009 lots of ～
たくさんの～

▶ I drank **lots of** water.（私はたくさんの水を飲みました。）
数えられる名詞の複数形だけでなく，数えられない名詞も続く。

1010 **over there** 向こうに，あそこで

▶ There is a convenience store **over there**.
（あそこにコンビニエンスストアがあります。）

1011 **stay home** 家にいる

▶ Jack was sick and **stayed home** yesterday.
（ジャックは病気できのうは家にいました。）

1012 **take care of ～** ～の世話をする

▶ I **took care of** my sick brother.（私は病気の弟の世話をしました。）
careは，「世話，注意」という意味。

1013 **wake up** 目を覚ます

▶ Lucy **woke up** late and missed the bus.
（ルーシーは遅く目を覚ましたので，バスに乗り遅れました。）
wake 人 upで「**（人）を起こす**」という意味。

1014 **do well** うまくやる，いい成績をとる

▶ Karen didn't **do well** on her science test.
（カレンは理科のテストでいい成績をとりませんでした。）

1015 **go to bed** 寝る，ベッドに入る

▶ I want to **go to bed** early tonight.（今晩は早く寝たいです。）
関連 **get up**（起きる）

1016 **more than ～** ～以上，～よりもっと

▶ The temple was built **more than** 500 years ago.
（その寺は500年以上前に建てられました。）

more than 500は，厳密には500を含まないので，「501年以上前」ということになる。

1017 **～ year(s) old** ～歳

▶ My grandfather is eighty **years old**.（祖父は80歳です。）

1018 **a few ～** 少しの～，2，3の～

▶ They will stay in Kyoto for **a few** days.（彼らは京都に2，3日滞在するつもりです。）

あとには，**数えられる名詞の複数形**がくる。aがつかないfewは**「ほとんど～ない」**という意味。

1019 **a piece of ～** 1枚の～，1切れの～

▶ She bought **a piece of cloth** at that store.
（彼女はあの店で1枚の布を買いました。）

「2枚の～」などのように，複数の場合は，two pieces of ～のように言う。

1020 **be back** 帰る，戻る

▶ I'll **be back** by seven.（私は7時までに帰ってくるつもりです。）

1021 **be home** 家にいる，在宅している

▶ **Is** your father **home** now?（あなたのお父さんは今，家にいますか。）

1022 **come home** 帰宅する

▸ I don't know when my sister will **come home**.
(私は姉がいつ帰宅するかわかりません。)

1023 **do her homework** 宿題をする

▸ Amy hasn't **done her homework** yet.（エイミーはまだ宿題をしていません。）
教科を示すときは，her English homeworkのようにhomeworkの前に教科名を入れる。

1024 **go hiking** ハイキングに行く

▸ I **went hiking** with my parents last Sunday.
(この前の日曜日，私は両親とハイキングに行きました。)
×go to hikingとは言わない。

1025 **go out** 外出する

▸ Let's **go out** for lunch, Anna.（アンナ，昼食に出かけましょう。）

1026 **in front of ～** ～の前に[で]

▸ Meet me **in front of** the school at 10:30.（10時30分に学校の前で会いましょう。）

1027 **be my first time** 初めてである

▸ This **is my first time** in New York.（ニューヨークはこれが初めてです。）

1028 **be sold out** 売り切れである

▶ The tickets for the concert **are sold out**.
(そのコンサートのチケットは売り切れです。)

1029 **between A and B** AとBの間に

▶ There are some differences **between** your bike **and** mine.
(あなたの自転車と私の自転車の間にはいくつか違いがあります。)

1030 **for the first time** 初めて

▶ Next summer, I am going to France **for the first time**.
(今度の夏，私は初めてフランスへ行くつもりです。)

1031 **go jogging** ジョギングに行く

▶ Let's **go jogging** in the park. (公園にジョギングに行きましょう。)
×go to joggingとは言わない。

1032 **go swimming** 泳ぎに行く

▶ Greg **goes swimming** with his friends on weekends.
(週末ごとにグレッグは友だちと泳ぎに行きます。)
×go to swimmingとは言わない。

1033 **have time to ～** ～する時間がある

▶ I didn't **have time to** eat breakfast this morning.
(私は今朝，朝食を食べる時間がありませんでした。)
toのあとには**動詞の原形**がくる。

☑ 1034
in the future
将来(は)

将来，就きたい職業や夢などを言うときによく使うよ。

▶ Rick wants to be an actor **in the future**.
(リックは将来，俳優になりたいと思っています。)

☑ 1035
love watching
見ることが大好きだ

▶ She **loves watching** tennis. (彼女はテニスを見るのが大好きです。)

loveのあとに**〈to＋動詞の原形〉**がきても，同様に「**～することが大好きだ**」という意味になる。

☑ 1036
on sale
特売で, セールで

▶ These shoes are **on sale** today. (これらのくつは今日セールになっています。)

on saleには「**販売されて**」の意味もある。

☑ 1037
start to ～
～し始める

▶ I **started to** read the magazine. (私はその雑誌を読み始めました。)

toのあとには**動詞の原形**がくる。startのあとに動詞の**ing形**がきても，「**～し始める**」という意味になる。

☑ 1038
take a lesson
レッスンを受ける

▶ Julie **takes** piano **lessons** after school.
(ジュリーは放課後ピアノのレッスンを受けています。)

☑ 1039
take a photo
写真を撮る

▶ Please do not **take** any **photos** in this temple.
(この寺ではいかなる写真も撮らないでください。)

☐ 1040
take a trip
旅行をする

▶ My family **took a trip** to Thailand last month.
(私の家族は先月タイへ旅行をしました。)

☐ 1041
take part in ～
～に参加する

▶ Becky is going to **take part in** a singing contest.
(ベッキーは歌のコンテストに参加するつもりです。)

☐ 1042
travel around ～
～を旅行して回る

▶ I want to **travel around** Europe.（私はヨーロッパを旅行して回りたいです。）
aroundは「～のあちこちを，～のまわりを」という意味。

☐ 1043
travel to ～
～へ旅行する

▶ My father has **traveled to** many countries.
(父はたくさんの国へ旅行したことがあります。)

☐ 1044
write back
返事を書く

▶ I'm sorry I took so long to **write back**.
(返事を書くのに，とても時間がかかってごめんなさい。)

☐ 1045
at that time
そのとき

▶ Emily was eating breakfast **at that time**.
(エミリーはそのとき朝食を食べていました。)

1046 **be ready to ～** ～する用意ができている

▸ I'm **ready to** go out.
(私は出かける用意ができています。)
toのあとは**動詞の原形**がくる。

1047 **go to lunch** 昼食に行く

▸ Let's **go to lunch**, Tom.（トム，昼食に行きましょう。）
関連 **go to dinner**（夕食に行く）

1048 **go to the doctor** 医者に行く

▸ You should **go to the doctor**.（あなたは医者に行くべきですよ。）
doctorの代わりにdoctor'sも使う。

1049 **grow up** 育つ

▸ I **grew up** in Japan.（私は日本で育ちました。）
子どもや植物などが「育つ」という意味でも使われる。

1050 **have a test** 試験がある

▸ We will **have a** math **test** tomorrow.（私たちは明日数学の試験があります。）

1051 **help me with ～** 私の～を手伝う

▸ Tim **helped me with** my homework.（ティムは私の宿題を手伝ってくれました。）

☐ 1052 **invite him to ～** 彼を～に招く

▶ I **invited him to** my house.（彼を私の家に招きました。）

☐ 1053 **love to ～** ～することが大好きだ

▶ Brenda **loves to** travel.（ブレンダは旅行することが大好きです。）

loveのあとに動詞の**ing形**がきても，同様に「**～することが大好きだ**」という意味になる。

☐ 1054 **next time** この次は

▶ I will do better **next time**.（この次はもっとうまくやります。）

☐ 1055 **next to ～** ～のとなりに

▶ There is an Italian restaurant **next to** the post office.
（郵便局のとなりにイタリアンレストランがあります。）

☐ 1056 **not ～ at all** 少しも～ない

▶ I **don't** like swimming **at all**.（私は水泳が少しも好きではありません。）

否定の意味を強めるときに使われる。

☐ 1057 **on my[the] way home** 家に帰る途中で

▶ I will buy some vegetables at the supermarket **on my way home**.
（私は家に帰る途中でスーパーマーケットで野菜を買うつもりです。）

myのところは主語がsheならherのように主語の所有格を入れる。

1058 **on time** 時間通りに

▶ The train didn't come **on time**.（電車は時間通りに来ませんでした。）

1059 **such as ～** （例えば）～のような

▶ In the park, I saw flowers **such as** roses and lilies.
（公園でバラやユリなどの花を見ました。）

例を挙げるときに使う。

1060 **think about ～** ～について考える

▶ I'm **thinking about** your idea.（私はあなたの意見について考えているところです。）

1061 **at first** 最初は[に]

▶ **At first**, he didn't like the song.（最初は彼はその歌が好きではありませんでした。）

1062 **begin to ～** ～し始める

▶ The little girl **began to** sing.（その小さい女の子は歌い始めました。）

begin singingのように，beginのあとに動詞の**ing形**がきても，「**～し始める**」という意味になる。

1063 **call back** 電話をかけなおす

▶ I will **call back** tomorrow.（明日電話をかけなおすつもりです。）

「**彼に**電話をかけなおす」ならcall **him** backのように言う。

1064 **far from ～** ～から遠い，～から遠くに

▶ Is the stadium **far from** here?（スタジアムはここから遠いですか。）

関連 **far away**（遠くに[へ]）

1065 **go fishing** 釣りに行く

▶ Jeff and I **went fishing** last weekend.（ジェフと私は先週末釣りに行きました。）

×go to fishingとは言わない。

1066 **in the world** 世界で

▶ This is one of the most famous paintings **in the world**.
（これは世界で最も有名な絵画の1つです。）

1067 **look in ～** ～をのぞく

▶ He **looked in** his bag, but he couldn't find his key.
（彼はかばんをのぞきましたが，かぎを見つけられませんでした。）

1068 **look like ～** ～のように見える，～に似ている

▶ You **look like** your mother.（あなたはお母さんに似ていますね。）

このlikeは「**～のような，～に似た**」という意味。あとには，名詞や代名詞が続く。

1069 **most of ～** ～のほとんど，～の大部分

▶ **Most of** these toys were made in China.
（これらのおもちゃのほとんどは中国で作られました。）

1070 **not have to ～** ～する必要はない

▶ My mother will **not have to** make dinner tonight.
（お母さんは今晩夕食を作る必要はないでしょう。）

toのあとには**動詞の原形**がくる。

1071 **on vacation** 休暇で[に]

▶ Jonathan has been **on** summer **vacation** since July 30.
（ジョナサンは7月30日から夏期休暇中です。）

1072 **pay for ～** ～の代金を払う

▶ How much did you **pay for** the shoes?（その靴にいくら払ったのですか。）

1073 **run away** 走り去る，逃げる

▶ The boy was surprised and **ran away**.（その少年はびっくりして走り去りました。）

1074 **see a doctor** 医者にみてもらう

▶ Paul went to the hospital to **see a doctor**.
（ポールは医者にみてもらうために病院へ行きました。）

1075 **stay at ～** ～に滞在する

▶ We **stayed at** a hotel near the station.
（私たちは駅の近くのホテルに滞在しました。）

ふつう，だれかの家やホテルなど，比較的狭い場所での滞在を表す。

1076 **stop working** 働くことをやめる

▶ When did your grandfather **stop working**?
(あなたのおじいさんはいつ働くことをやめましたか。)

「～するのをやめる」という意味では，stopのあとに動詞の**ing形**がくる。

1077 **take a picture** 写真を撮る

▶ I have **taken** a lot of **pictures** of the festival.
(私はその祭りの写真をたくさん撮りました。)

「**～の**写真を撮る」というときは，take a picture **of** ～の形を使う。

1078 **teach me how to ～** 私に～のしかたを教える

▶ My brother **taught me how to** use a computer.
(兄は私にコンピュータの使いかたを教えてくれました。)

toのあとには動詞の**原形**がくる。

1079 **think of ～** ～を思いつく

▶ Sarah **thought of** a good idea. (サラはいい考えを思いつきました。)

「**～について考える**」という意味もある。

1080 **too tired to ～** 疲れすぎて～できない

▶ I'm **too tired to** do my homework.
(私は疲れすぎて宿題をすることができません。)

toのあとには動詞の**原形**がくる。

1081 **a lot** たくさん，とても

▶ Jim has helped me **a lot**. (ジムは私の手伝いをたくさんしてくれました。)

関連 **a lot of ～** (たくさんの～)

1082 **anything else** 何かほかのもの

▶ Can I get you **anything else**? (何かほかのものを持ってきてあげましょうか。)
疑問文で使う。

1083 **be ready for ～** ～の用意ができている

▶ He **is** not **ready for** the math test. (彼は数学のテストの準備ができていません。)
関連 **be ready to ～** (～する用意ができている)

1084 **be different from ～** ～と異なる, ～と違っている

▶ Indian food **is different from** Japanese food.
(インド料理は日本料理とは異なっています。)

1085 **drive me to ～** 私を車で～へ送る

▶ My mother **drove me to** school today.
(母は今日私を車で学校へ送ってくれました。)

1086 **far away** 遠くに[へ]

▶ Brazil is **far away** from Japan. (ブラジルは日本からは遠くにあります。)
fromがつくと「**～から遠く(離れて)**」という意味になる。

1087 **finish reading** 読むことを終える

▶ I just **finished reading** this book. (私はちょうどこの本を読み終えました。)
finishのあとは, 動詞の**ing形**を続ける。×finish to readとはしない。

1088

for more information 詳しいことは

▶ **For more information**, visit our website.
（詳しいことは私たちのウェブサイトをお訪ねください。）

1089

forget to ～ ～するのを忘れる

▶ I **forgot to** bring my lunch.（私はお弁当を持ってくるのを忘れました。）
toのあとには動詞の**原形**がくる。

1090

get off 降りる

▶ Where should I **get off**?（私はどこで降りたらいいでしょうか。）
get off the busのように乗り物が続くと，「～から降りる」という意味になる。

1091

give up あきらめる，やめる

▶ I don't **give up** so easily.（私はそんなに簡単にあきらめません。）

1092

go to the dentist 歯医者に行く

▶ He had to **go to the dentist**.（彼は歯医者に行かなくてはなりませんでした。）

1093

go to work 仕事に行く

▶ My father reads the newspaper before he **goes to work**.
（父は仕事に行く前に新聞を読みます。）

1094 **hope to ～** ～することを望む

▶ Becky **hopes to** become a doctor in the future.
（ベッキーは将来医者になることを望んでいます。）

toのあとには動詞の**原形**がくる。

1095 **hurry up** 急ぐ

▶ Chris, **hurry up**.（クリス，急いで。）

命令文で使われることが多い。

1096 **introduce A to B** AをBに紹介する

▶ Sam **introduced me to Karen**.（サムは私をカレンに紹介しました。）

1097 **near here** この近くに

▶ Is there a supermarket **near here**?
（この近くにスーパーマーケットはありますか。）

1098 **once a month** 月に1回

▶ We go to the restaurant for dinner **once a month**.
（私たちは月に1回夕食にそのレストランへ行きます。）

onceのところにはtwice（2回），three times（3回）など**回数**を表す語句が入る。

1099 **put on ～** ～を身につける

▶ He **put on** a clean T-shirt.（彼は清潔なTシャツを着ました。）

衣服以外に，ぼうしやくつ，めがねを身につけるときにも使われる。

1100 **show me how to ～** 私に～のしかたを教える

▶ My mother **showed me how to** make curry.
（母は私にカレーの作りかたを教えてくれました。）

toのあとには動詞の**原形**がくる。

1101 **speak to ～** ～に話しかける，～と話す

▶ I got a chance to **speak to** Mr. Green.
（私はグリーンさんに話しかける機会がありました。）

1102 **take a test** 試験を受ける

▶ We will **take an** English **test** on Friday.
（私たちは金曜日に英語の試験を受けます。）

1103 **thousands of ～** 何千もの～

▶ **Thousands of** people use this station every day.
（何千もの人が毎日この駅を利用しています。）

関連 **hundreds of ～**（何百もの～）

1104 **worry about ～** ～について心配する

▶ Don't **worry about** the weather so much.
（そんなにお天気について心配しないで。）

1105 **would like ～** ～がほしい

▶ **I'd like** some coffee.（コーヒーがほしいです。）

I'dはI wouldを短縮した形。would likeのあとに自分のほしいものを続ける。

1106 **write to ～** ～に手紙を書く

▶ She sometimes **writes to** her grandparents.
(彼女はときどき祖父母に手紙を書きます。)
関連 **write back** (返事を書く)

1107 **a glass of ～** コップ1杯の～

▶ May I have **a glass of** water?（コップ1杯の水をいただけますか。)
「コップ2杯の水」→two **glasses** of waterとなる。

1108 **a slice of ～** 1枚の～

▶ Jenny ate **a slice of** toast for breakfast today.
(ジェニーは今日朝食に1枚のトーストを食べました。)

1109 **a ticket to ～** ～への切符

▶ Emily bought **a ticket to** the tennis tournament.
(エミリーはテニストーナメントの切符を買いました。)

1110 **all over the world** 世界中で

▶ The singer became famous **all over the world**.
(その歌手は世界中で有名になりました。)

1111 **ask A for B** AにBをくれるように頼む

▶ Tom **asked me for a piece of paper**.
(トムは私に紙を1枚くれるように頼みました。)

1112 be covered with ～ ～でおおわれている

▶ The sky **is covered with** clouds now.（空は今，雲でおおわれています。）

beは，主語と現在・過去によって，**am, are, is, was, were**を使い分ける。

1113 be full of ～ ～でいっぱいである

▶ The baseball stadium **was full of** people.
（野球のスタジアムは人々でいっぱいでした。）

1114 be happy to ～ ～してうれしい

▶ We **are happy to** meet you.（私たちはあなたに会えてうれしいです。）

toのあとには動詞の**原形**が続く。

1115 be interested in ～ ～に興味がある

▶ John **is interested in** science.（ジョンは科学に興味があります。）

1116 be on a trip 旅行中である

▶ The sixth-grade students **are on a** school **trip**.（6年生は修学旅行中です。）

1117 be popular with ～ ～の間で人気がある

▶ This computer game **is popular with** girls.
（このコンピュータゲームは女の子の間で人気があります。）

1118 **begin learning** 学び始める

▸ When did you **begin learning** French?（あなたはいつフランス語を学び始めましたか。）

begin to learnのように，あとに**〈to＋動詞の原形〉**がきても，同様に「学び始める」という意味になる。

1119 **by e-mail** 電子メールで

▸ She sent me the recipe for the soup **by e-mail**.
（彼女は私にそのスープのレシピを電子メールで送ってくれました。）

1120 **clean up ～** ～をかたづける，～をきれいにそうじする

▸ My sister and I **cleaned up** the kitchen.
（姉と私は台所をきれいにそうじしました。）

1121 **each other** お互い(に)

▸ Helen and I have not seen **each other** for a year.
（ヘレンと私はお互い1年会っていません。）

1122 **find out ～** ～を見つけ出す，～だとわかる

▸ Did you **find out** who won the tournament?
（だれがトーナメントに勝ったかわかりましたか。）

1123 **get married** 結婚する

▸ My sister **got married** in Tokyo.（姉は東京で結婚しました。）

1124 **get well** よくなる

▶ Mark was taken to the hospital, and he **got well** a few days later.
(マークは病院に運ばれて，数日後によくなりました。)

wellの比較級betterを使ったget betterは「(前よりも) もっとよくなる」の意味。

1125 **go on a trip** 旅行に出かける

▶ Lisa is planning to **go on a trip** to Paris.
(リサはパリへ旅行に出かける計画を立てています。)

1126 **graduate from ～** ～を卒業する

▶ Stan is **graduating from** university next month.
(スタンは来月大学を卒業します。)

1127 **have a headache** 頭痛がする

▶ Paul **had a headache** last night. (ポールは昨夜頭痛がしました。)

1128 **have a stomachache** 腹が痛い

▶ I **have a** bad **stomachache**. (私はひどくおなかが痛いです。)

1129 **hear from ～** ～から連絡がある

▶ I hope to **hear from** you soon. (すぐにあなたから連絡があることを望んでいます。)

この文は手紙やメールなどで，結びのことばとしてよく使われる。

1130

on foot

徒歩で

▶ They usually go to the gym **on foot**.（彼らはふつうジムに歩いて行きます。）

×on a footとはしない。

1131

one day

ある日, いつか

▶ Maybe you can become a pilot **one day**.
（あなたはいつかパイロットになれるかもしれません。）

過去の文では→「**ある日**」という意味。**未来**の文では→「**いつか**」という意味。

1132

say hello to ～

～によろしくと言う

▶ **Say hello to** your parents.（あなたのご両親によろしくと言ってください。）

関連 **say goodbye to ～**（～にさようならを言う）

1133

sound like ～

～のように聞こえる

▶ That **sounds like** a good idea.（それはいい考えのように聞こえます。）

1134

spend A on B

AをBに使う

▶ Jonathan **spends a lot of money on clothes**.
（ジョナサンはたくさんのお金を服に使います。）

1135

take a train

電車に乗る

▶ I always **take the train** to my office.（私はいつもオフィスまで電車に乗ります。）

1136 **take time to ～** ～する時間がかかる

▶ Emily **took** a long **time to** finish her homework.
（エミリーは宿題を終わらせるのに長い時間がかかりました。）
toのあとには動詞の**原形**がくる。

1137 **teach me to ～** 私に～のしかたを教える

▶ My father **taught me to** fish.（父は私に釣りのしかたを教えてくれました。）
toのあとには動詞の**原形**がくる。

1138 **tell me how to ～** 私に～のしかたを教える

▶ Can you **tell me how to** cook chicken soup?
（私にチキンスープの作りかたを教えてくれませんか。）
toのあとには動詞の**原形**がくる。

1139 **thanks to ～** ～のおかげで

▶ **Thanks to** the Internet, we can buy things easily.
（インターネットのおかげで私たちは簡単にものを買うことができます。）

1140 **turn down ～** **（音量・電気などを）**弱くする

▶ Will you **turn** the TV **down**?（テレビの音量を小さくしてくれませんか。）

1141 **taller than any other ～** ほかのどの～よりも背が高い

▶ Jim is **taller than any other** student in his class.
（ジムはクラスの中でほかのどの生徒よりも背が高いです。）
any otherに続く名詞は**単数形**にする。

1142 **a pair of ～** 1組の～

▸ He bought me **a pair of** jogging shoes.
（彼は私に1組のジョギングシューズを買ってくれました。）
shoes（くつ），pants（ズボン），scissors（はさみ）などを数えるときに使う。

1143 **a part of ～** ～の一部

▸ Swimming is **a part of** my life.（水泳は私の生活の一部です。）
partの前にaをつけないこともある。

1144 **across from ～** ～の向かいに

▸ My house is **across from** the bookstore.
（私の家はその書店の向かいにあります。）

1145 **be absent from ～** ～を欠席する

▸ Patrick **was absent from** school yesterday.
（パトリックはきのう学校を欠席しました。）
absentは「不在で，欠席で」という意味。

1146 **be afraid of ～** ～をこわがる，～をおそれる

▸ George **is afraid of** snakes.（ジョージはヘビをこわがります。）

1147 **be excited about ～** ～にわくわくする

▸ I **am excited about** living in New York.
（私はニューヨークでの生活にわくわくしています。）

1148 **be surprised to ～** ～して驚く

▸ We **were surprised to** hear the news.
（私たちはその知らせを聞いて驚きました。）

toのあとには動詞の**原形**がくる。驚いた理由や原因を表す。

1149 **come over** やって来る

▸ Lucy will **come over** after lunch.（昼食後，ルーシーがやって来るでしょう。）

1150 **do my best** 全力をつくす

▸ I will **do my best** in the baseball game.（野球の試合で私は全力をつくします。）

myの部分は所有格が入る。

チェックテスト

範囲P164～197

1 Are you going to Hawaii next week?
— Yes. I'm really looking (　　) to it.
1. again **2.** behind **3.** late **4.** forward
(あなたは来週ハワイに行くのですか。―はい。ほんとうに楽しみにしています。)

2 I'll (　　) you up at the station and drive you home.
1. go **2.** come **3.** pick **4.** wait
(私が駅にあなたを車で迎えに行って，家に送りましょう。)

3 I have a bad headache.
— You should go to the hospital to (　　) a doctor.
1. see **2.** make **3.** agree **4.** watch
(ひどい頭痛がします。―病院に行って医者にみてもらうべきです。)

4 The singer was very popular, so the concert hall was (　　) of people.
1. covered **2.** high **3.** full **4.** filled
(その歌手はとても人気があったので，コンサートホールは人でいっぱいでした。)

5 Cathy is a good dancer. She will (　　) a dance contest next month.
1. go out **2.** take part in **3.** look like **4.** hope to
(キャシーは上手なダンサーです。彼女は来月ダンスコンテストに参加します。)

答え　1 4　2 3　3 1　4 3　5 2

熟語編

RANK B

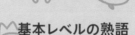

基本レベルの熟語

この章には，英検 3 級で過去に複数回出題された英熟語が収録されています。大問 1 には毎回必ず熟語の問題が出題されますし，リスニングテストやライティングでも熟語の理解は大きなポイントとなります。この章で扱う熟語も確実にマスターしておきましょう。

RANK B

基本レベルの熟語

英検3級熟語

1151 **fall down** 倒れる，転ぶ

▸ Ellen **fell down** while she was running outside.
（外を走っているときにエレンは転びました。）

fallは不規則動詞。fall－**fell**－**fallen**と変化する。

1152 **fall off ～** ～から落ちる

▸ Mary **fell off** her bike and hurt her leg.
（メアリーは自転車から落ちて足をけがしました。）

1153 **for a long time** 長い間

▸ Did you stay in London **for a long time**?
（あなたは長い間ロンドンに滞在したのですか。）

1154 **for a while** しばらくの間

▸ After dinner, my mother and I talked **for a while**.
（夕食後，母と私はしばらくの間，話をしました。）

whileは「**間，時間**」という意味。

1155 **for free** 無料で

▸ I got this pen **for free**.（私はこのペンをただでもらいました。）

1156 **forget about ～** ～のことを忘れる

▶ Mr. Smith **forgot about** the meeting at eleven.
(スミスさんは11時の会議のことを忘れていました。)

1157 **get back ～** ～を取り戻す

▶ I **got** my money **back** when I finished using the locker.
(ロッカーを利用し終わったとき，お金を取り戻しました。)

1158 **get a good grade** よい成績[点数]をとる

▶ Tom **got a good grade** on the test. (トムはテストでよい点数をとりました。)

1159 **give me a ride** 私を車に乗せる

▶ Jimmy's father **gave me a ride** to the station.
(ジミーのお父さんは駅まで私を車に乗せてくれました。)

1160 **give a speech** スピーチをする，演説をする

▶ Ann **gave a speech** about air pollution.
(アンは大気汚染についてスピーチをしました。)

1161 **go skiing** スキーに行く

▶ My family **went skiing** in Canada last month.
(私の家族は先月カナダにスキーに行きました。)

1162 **go to the movies** 映画を見に行く

▶ Nancy will **go to the movies** this weekend.
(ナンシーは今週末映画を見に行くつもりです。)

特定の映画を見に行くなら，go to（see）the movieとmovieを単数にする。

1163 **have a cold** かぜをひいている

▶ Do you still **have a cold**?（あなたはまだかぜをひいているのですか。）

1164 **have a fever** 熱がある

▶ I went to the doctor's today because I **had a fever**.
(熱があったので，今日医者に行きました。)

1165 **in the evening** 夕方に，晩に

▶ The party was held **in the evening**.（そのパーティーは晩に開かれました。）

1166 **laugh at ～** ～を笑う

▶ My friends **laughed at** me because I wore a funny T-shirt.
(おかしなＴシャツを着ていたので，私の友だちは私を笑いました。)

1167 **make A of B** BのAを作る

▶ I **made three copies of my report**.（私はレポートのコピーを３部作りました。）

1168 **make a friend** 友だちを作る

▶ Helen **made a** new **friend** at summer camp.
（ヘレンはサマーキャンプで新しい友だちを作りました。）

1169 **on a website** ウェブサイトで［に］

▶ Andy bought the shirt **on a website**.
（アンディはウェブサイトでそのシャツを買いました。）

1170 **on land** 陸上で［に, の］

▶ Ships are built **on land**.
（船は陸上でつくられます。）

1171 **on the ~ team** ～部に入って

▶ Jenny is **on the** tennis **team** at her high school.
（ジェニーは高校でテニス部に入っています。）

1172 **on the Internet** インターネットで

▶ Ted is going to sell his guitar **on the Internet**.
（テッドはインターネットで彼のギターを売るつもりです。）

このonは手段や方法を表して，「～で，～によって」という意味。

1173 **say hi to ~** ～によろしくと言う

▶ **Say hi to** your family for me.（私のことをご家族によろしく伝えてね。）

1174 **shake hands** 握手をする

▶ I **shook hands** with Bill.（私はビルと握手をしました。）

1175 **so many 〜** とても多くの〜

▶ **So many** people came to the park to see the fireworks.
（とても多くの人々が花火を見に公園へ来ました。）

1176 **so much** とても

▶ Thanks **so much** for your e-mail.（Eメールをどうもありがとう。）

1177 **stay up** (寝ないで)起きている，夜ふかしする

▶ Don't **stay up** too late.（あまりに遅くまで起きていてはいけません。）

1178 **take A out of B** AをBから取り出す

▶ Steve **took everything out of his locker**.
（スティーヴはロッカーからすべてのものを取り出しました。）

1179 **take a message** 伝言を預かる，伝言を受ける

▶ I **took a message** from your mother, Daniel.
（ダニエル，あなたのお母さんから伝言を預かりましたよ。）

関連 **leave a message**（伝言を残す，伝言を頼む）

1180 **take an elevator** エレベーターに乗る

▶ We **took the elevator** to the fifth floor.
（私たちは5階までエレベーターに乗りました。）

1181 **the same as ～** ～と同じ

▶ His name is **the same as** a famous baseball player's.
（彼の名前は有名な野球選手と同じです。）

1182 **these days** このごろ，近ごろ

▶ Lucy is studying very hard **these days**.
（ルーシーはこのごろとても熱心に勉強をしています。）

1183 **try on ～** ～を試着する

▶ I want to **try on** that coat.（あのコートを試着したいです。）

1184 **turn off ～** ～のスイッチを切る

▶ Please **turn off** your cell phones right now.
（いますぐ携帯電話の電源を切ってください。）

1185 **under the ground** 地下に[で]

▶ Many animals live **under the ground**.（たくさんの動物が地下に生息しています。）

1186 **a long time ago** ずっと前に

▶ **A long time ago**, the capital of Japan was Nara.
(ずっと昔は日本の首都は奈良でした。)

1187 **all by myself** まったく1人で

▶ I built this doghouse **all by myself**.
(私はこの犬小屋をまったく1人で建てました。)

myselfの部分は主語によって変える。

1188 **all the way** ずっと

▶ Bob had to walk **all the way** to the station.
(ボブは駅までずっと歩かなくてはなりませんでした。)

1189 **arrive in ～** ～に着く

▶ They **arrived in** New York before noon.
(彼らは正午前にニューヨークに着きました。)

ふつう，国，都市などの比較的広い場所に着くときに使う。

1190 **as old as ～** ～と同じくらい古い

▶ Your computer is **as old as** mine.
(あなたのコンピュータは私のと同じくらい古いです。)

asとasの間には，形容詞・副詞の**原級（もとの形）**が入る。

1191 **as soon as possible** できるだけ早く

▶ Please call me **as soon as possible** after you get home.
(家に着いたらできるだけ早く私に電話してください。)

1192 **as usual** いつものように

▶ After dinner, he checked his e-mail **as usual**.
(夕食後，彼はいつものようにEメールをチェックしました。)

1193 **at his desk** 席について

▶ Mr. Brown isn't **at his desk** now.（ブラウンさんは今自分の席にいません。）

1194 **at the beginning of ～** ～の初めに

▶ Kevin is going back to Australia **at the beginning of** August.
(ケビンは８月の初めにオーストラリアに帰るつもりです。)

1195 **at the end of ～** ～の終わりに

▶ Sarah left Japan **at the end of** January.
(サラは１月の終わりに日本を去りました。)

1196 **be angry at ～** ～に怒っている

▶ I **was** very **angry at** Bill.（私はビルにとても怒っていました。）

1197 **be glad to ～** ～してうれしい

▶ We **are glad to** hear that you passed the test.
(私たちはあなたがテストに合格したと聞いてうれしいです。)

toのあとには動詞の**原形**がくる。

1198 **be in a meeting** 会議中である

▶ I'm afraid Mr. Willis **is in a meeting**.（残念ながら，ウィリスさんは会議中です。）

1199 **be in an accident** 事故にあう

▶ Ken **was in a** car **accident** when he was ten.
（ケンは10歳のときに自動車事故にあいました。）

1200 **be in bed** 寝ている

▶ I **was in bed** with a cold yesterday.（きのう私はかぜで寝ていました。）

1201 **be in the hospital** 入院している

▶ Jim **was in the hospital** until Friday.（ジムは金曜日まで入院していました。）

1202 **be kind to ～** ～に親切である

▶ Every student in the class **was kind to** me.
（クラスのどの生徒も私に親切でした。）

1203 **be known as ～** ～として知られている

▶ This tower **is known as** the tallest building in Japan.
（このタワーは日本でいちばん高い建物として知られています。）

1204 be worried about ～ ～のことを心配している

▶ Our coach **is worried about** our next game.
（私たちのコーチは次の試合のことを心配しています。）

1205 break my promise 約束を破る

▶ I never **break my promise**.（私は決して約束を破りません。）
myのところには主語の所有格が入ることが多い。

1206 by the end of ～ ～の終わりまでに

▶ I have to return this book to the library **by the end of** this month.
（この本を今月の終わりまでに図書館に返さなくてはなりません。）

1207 cut A into B AをBに切る

▶ **Cut these potatoes into small pieces**.（このジャガイモを小さく切りなさい。）

1208 cut A out of B AをBから切り抜く

▶ Lisa **cut some pictures out of the magazine**.
（リサは数枚の写真を雑誌から切り抜きました。）

1209 fall asleep 眠る，寝入る

▶ The baby **fell asleep** in the car.（赤ちゃんは車の中で眠ってしまいました。）

1210
famous for ～
～で有名で

▶ She became **famous for** winning a gold medal in the Olympics.
(彼女はオリンピックで金メダルをとったことで有名になりました。)

1211
feel sick
気分が悪い

▶ Kathy **felt sick**, so she went home after lunch.
(キャシーは気分が悪かったので，昼食後家に帰りました。)

1212
first of all
まず第一に

▶ **First of all**, let's wash these vegetables. (まず第一に，これらの野菜を洗いましょう。)

first（最初に）を強めた言い方で，文の最初におかれることが多い。順序立てて説明するときなどに使われる。

1213
for hours
何時間も

▶ I waited **for hours** to see the famous painting.
(その有名な絵画を見るために何時間も待ちました。)

1214
get back
戻る

▶ When did you **get back**? (あなたはいつ戻ったのですか。)
関連 **get back ～** (～を取り戻す)

1215
go ahead
どうぞ

▶ Can I use this computer? — Sure. **Go ahead**.
(このコンピュータを使ってもいいですか。—もちろんです。どうぞ。)

相手にすすめるときや，順番をゆずるときなどに使う。

1216 **go riding** 乗馬に出かける

▸ Mr. Jones **went riding** in the forest.（ジョーンズさんは森へ乗馬に出かけました。）

1217 **had better ～** ～するほうがよい，～しなさい

▸ You **had better** go to the doctor.（あなたは医者へ行ったほうがいいですよ。）

betterのあとには動詞の**原形**がくる。

1218 **have a chance to ～** ～する機会がある

▸ I **had a chance to** speak to Mr. Johnson.（ジョンソンさんと話す機会がありました。）

toのあとには動詞の**原形**がくる。

1219 **have an accident** 事故にあう

▸ Julie **had an accident** when she was riding her bike.（ジュリーは自転車に乗っていたとき，事故にあいました。）

1220 **have enough ... to ～** ～するのに十分な…がある

▸ We don't **have enough** eggs **to** make a cake.（私たちはケーキを作るのに十分な卵がありません。）

toのあとには動詞の**原形**がくる。

1221 **hear about ～** ～について聞く

▸ Did you **hear about** Richard's car accident?（あなたはリチャードの自動車事故について聞きましたか。）

1222 **help me to ～** 私が～するのを手伝う

▸ My father **helped me to** fix my bike.
（父は私が自転車を直すのを手伝ってくれました。）
toのあとには動詞の**原形**がくる。

1223 **in nature** 自然の中で[の]

▸ In Africa, you can see lions **in nature**.
（アフリカでは，自然の中のライオンを見ることができます。）

1224 **in my opinion** 私の意見では

▸ **In my opinion**, we should change our plan.
（私の意見では私たちは計画を変更すべきです。）

1225 **in trouble** 困って

▸ I'm **in** big **trouble**.（私はとても困っています。）
troubleは名詞で，「困ること，心配」という意味。

1226 **just in time** ちょうど間に合って

▸ Sandra got to the station **just in time** to catch the train.
（サンドラは電車にちょうど間に合う時間に駅に着きました。）

1227 **keep using** 使い続ける

▸ My father **kept using** the pen for twenty years.
（父はそのペンを20年間使い続けました。）
keepに続く動詞は**ing形**になる。

1228 **make A from B** AをBから作る

▶ **This bread** is **made from rice**.（このパンは米から作られています。）

1229 **make a speech** スピーチをする, 演説をする

▶ I **made a speech** about my summer vacation.
（私は私の夏休みについてスピーチをしました。）

1230 **make money** 金をかせぐ

▶ Nancy is working at a restaurant to **make money**.
（ナンシーはお金をかせぐためにレストランで働いています。）

1231 **more and more ～** ますます多くの～

▶ **More and more** people visit Japan.（ますます多くの人々が日本を訪れています。）

1232 **move around** 動きまわる

▶ Some animals only **move around** at night.
（動物の中には夜だけ動きまわるものがいます。）

1233 **one ～, the other ...** 一方は～, もう一方は…

▶ **One** boy liked soccer, and **the other** liked baseball.
（一方の男の子はサッカーが好きで，もう一方の男の子は野球が好きでした。）

1234 **out of bed** ベッドから出て，起きて

▶ John is not **out of bed** yet.（ジョンはまだ起きていません。）

1235 **raise your hand** 手をあげる

▶ If you have any questions, please **raise your hand**.
（何か質問があれば，手をあげてください。）
yourのところにはふつう所有格が入る。

1236 **right away** すぐに

▶ I will bring the menu **right away**.（すぐにメニューをお持ちします。）

1237 **say goodbye to ～** ～にさようならを言う

▶ Cathy left Japan without **saying goodbye to** me.
（キャシーは私にさようならを言わずに日本を発ちました。）
関連 **say hello to ～**（～によろしくと言う）

1238 **stop at ～** ～に立ち寄る

▶ I **stopped at** the supermarket to buy some tomatoes.
（トマトをいくつか買うためにスーパーマーケットに立ち寄りました。）

1239 **such a ～** とても～な

▶ Mrs. Jones is **such a** wonderful teacher.
（ジョーンズさんはとてもすばらしい先生です。）

1240 take ～ for a walk ～を散歩に連れていく

▶ Bob **takes** his dog **for a walk** every day.
（ボブは毎日イヌを散歩に連れていきます。）

1241 take out ～ ～を連れ出す

▶ My father **took** me **out** for dinner.（父は私を夕食に連れ出しました。）

1242 take a ～ class ～の授業を受ける

▶ I **take a** computer **class** on Monday.
（私は月曜日にコンピュータの授業を受けています。）

1243 take a walk 散歩する

▶ Judy and I **took a walk** in the park.（ジュディと私は公園を散歩しました。）

1244 write down ～ ～を書きとめる

▶ I **wrote down** Karen's phone number.（私はカレンの電話番号を書きとめました。）

1245 big enough for ～ ～に十分なほど大きい

▶ This desk is **big enough for** my computer.
（この机は私のコンピュータには十分なほど大きいです。）

☑ 1246 **a couple of ～** 2, 3の～

▶ We need **a couple of** days to finish the work.
（私たちはその仕事を終わらせるために2，3日必要です。）

☑ 1247 **agree with ～** ～に同意する

▶ I **agree with** you.（私はあなたに同意します。）

☑ 1248 **all around ～** ～中に[で]

▶ We saw many posters **all around** the town.
（私たちは町中にたくさんのポスターを見ました。）

☑ 1249 **all day long** 一日中

▶ Ben was busy **all day long**.（ベンは一日中忙しかった。）

☑ 1250 **all the time** いつも

▶ Paul wears the sneakers **all the time**.
（ポールはいつもそのスニーカーをはいています。）

☑ 1251 **arrive at ～** ～に着く

▶ Alice **arrived at** the office before 10:00.
（アリスは10時前にオフィスに着きました。）
ふつう，駅，ホテルなどの比較的狭い地点や場所に着くときに使う。

1252 **as fast as they can** できるだけ速く

▶ They ran **as fast as they could**.（彼らはできるだけ速く走りました。）

1253 **at one time** 一度で，いっぺんに

▶ I cannot wash these clothes **at one time**.
（これらの服をいっぺんには洗えません。）

1254 **be busy cooking** 料理するのに忙しい

▶ My mother **is busy cooking** in the kitchen.
（母は台所で料理をするのに忙しいです。）

1255 **be filled with ～** ～でいっぱいである

▶ Eric's bag **was filled with** books.（エリックのかばんは本でいっぱいでした。）

1256 **be in a hurry** 急いでいる

▶ We **were in a hurry**, so we took a taxi.
（私たちは急いでいたので，タクシーに乗りました。）

1257 **be over** 終わる

▶ Our summer vacation **is over** now.（私たちの夏休みはもう終わりました。）

1258
be proud of ～
～を誇りに思う

▶ Alice **is proud of** her parents.（アリスは両親を誇りに思っています。）

1259
be sick in bed
病気で寝ている

▶ I have **been sick in bed** since yesterday.（私はきのうから病気で寝ています。）

1260
be sure to ～
必ず～する

▶ **Be sure to** close the window before you go to bed.
（寝る前に必ず窓を閉めてください。）

toのあとには動詞の**原形**がくる。

1261
be surprised at ～
～に驚く

▶ Sam **was surprised at** the price of the watch.
（サムはその腕時計の値段に驚きました。）

関連 **be surprised to ～**（～して驚く）

1262
be tired from ～
～で疲れる

▶ Brenda **was tired from** working all day.
（ブレンダは一日中仕事をして疲れました。）

1263
be tired of ～
～にあきる，
～にうんざりする

▶ I **was tired of** watching TV dramas.（私はテレビドラマを見るのにあきました。）

1264 **belong to ～** ～に所属する

▶ What club do you **belong to**?（あなたは何のクラブに所属していますか。）

ふつう，進行形にしない。

1265 **both of ～** ～の両方とも

▶ **Both of** them have been to France.
（彼らは2人ともフランスへ行ったことがあります。）

ofのあとに代名詞が続くときは，**目的格**にする。

1266 **bring back ～** ～を返す

▶ I'll **bring** your book **back** soon.（すぐにあなたの本をお返しします。）

1267 **by mail** 郵便で

▶ David sent me these photos **by mail**.
（デイビッドは私にこれらの写真を郵便で送ってくれました。）

1268 **by the way** ところで

▶ **By the way**, my uncle came to Japan last week.
（ところで，先週私のおじが日本へ来ました。）

1269 **change A into B** AをBに変える

▶ They **changed the old house into a restaurant**.
（彼らは古い家をレストランに変えました。）

1270 **change trains** 電車を乗りかえる

▸ We **changed trains** at Shibuya.（私たちは渋谷で電車を乗りかえました。）

1271 **come out** 出てくる

▸ The door opened and a man **came out**.
（ドアが開いて，１人の男性が出てきました。）

1272 **cool down ～** ～を冷やす，～をすずしくする

▸ This fan will **cool** you **down**.
（この扇風機があなたをすずしくしてくれるでしょう。）

1273 **drive ～ home** ～を車で家に送る

▸ Helen's mother **drove** me **home**.
（ヘレンのお母さんは私を車で家に送ってくれました。）

1274 **either A or B** AかBかどちらか

▸ **Either my brother or I** will meet you at the station.
（私の兄か私が駅であなたを出迎えるつもりです。）

1275 **exchange A for B** AをBと取りかえる

▸ I want to **exchange this sweater for a red one**.
（私はこのセーターを赤いのに取りかえたいです。）

1276 **fight with ～** ～と戦う，～とけんかする

▸ Jim **fought with** his brother this morning.（ジムは今朝，弟とけんかをしました。）

1277 **fly away** 飛び去る

▸ The bird **flew away** to the forest.（その鳥は森へ飛び去りました。）

1278 **for a ～ reason** ～の理由で

▸ He bought that old car **for a** special **reason**.
（彼はあの古い車を特別な理由で買いました。）

1279 **for example** 例えば

▸ Some sports, **for example**, soccer and baseball, are popular in Japan.
（例えばサッカーや野球といったスポーツは日本では人気があります。）

1280 **for life** 一生，死ぬまで

▸ They moved to Okinawa and lived there **for life**.
（彼らは沖縄に引っ越し，そこで一生暮らしました。）

1281 **for now** 今のところ，とりあえず

▸ We don't need a new computer **for now**.
（今のところ私たちは新しいコンピューターは必要ありません。）

1282 **for years** 何年も

▶ I haven't seen Mr. Jordan **for years**.
(私はジョーダンさんに何年も会っていません。)

1283 **get dressed** (きちんとした)服を着る

▶ Jane **got dressed** quickly and left home.
(ジェーンは急いで服を着て出かけました。)

1284 **get into 〜** (大学など)に入学する

▶ Most of my friends will **get into** universities.
(私の友だちのほとんどは大学に入学するでしょう。)

1285 **get lost** 迷子になる, 道に迷う

▶ Lucy often **gets lost**. (ルーシーはよく道に迷います。)

1286 **get on 〜** (電車やバス)に乗る

▶ The train was crowded, so I couldn't **get on** it.
(電車が混んでいたので, 私は乗ることができませんでした。)

1287 **give you a hand** あなたを手伝う

▶ Maybe Tim will **give you a hand**.
(ひょっとしたらティムがあなたを手伝ってくれるでしょう。)

1288 **give back ～** ～を返す

▶ I **gave** Becky's dictionary **back** to her.（私はベッキーの辞書を彼女に返しました。）

1289 **go abroad** 外国へ行く

▶ Many Japanese **go abroad** during summer vacation.
（多くの日本人が，夏休みの間に外国へ行きます。）

×go to abroadとしないこと。abroadの前にtoは入れない。

1290 **go away** (休暇で)出かける

▶ My family and I didn't **go away** last winter.
（私の家族はこの前の冬は出かけませんでした。）

1291 **go down ～** ～に沿って行く，～を行く

▶ **Go down** this street and turn right at the first corner.
（この通りに沿って行き，最初の角を右に曲がりなさい。）

1292 **go driving** ドライブに行く

▶ Emily wants to **go driving** now.
（エミリーは今ドライブに行きたいと思っています。）

1293 **go on a picnic** ピクニックに行く

▶ Peter and I are **going on a picnic** tomorrow.
（ピーターと私は明日ピクニックに行くつもりです。）

1294 **go on holiday** 休暇で出かける

▶ Amy is looking forward to **going on holiday**.
(エイミーは休暇で出かけるのを楽しみにしています。)

1295 **go over to ～** ～のところに行く

▶ A dog **went over to** the boy. (イヌが少年のところへ行きました。)

1296 **go running** ランニングに行く

▶ Where did you **go running** this afternoon?
(あなたは今日の午後どこにランニングに行きましたか。)

1297 **go sightseeing** 観光に行く

▶ We **went sightseeing** around Kyoto.
(私たちは京都をあちこち観光に行きました。)

1298 **go to college** 大学に行く

▶ Ms. Wilson **went to college** in New York.
(ウィルソンさんはニューヨークの大学に行きました。)

1299 **go to sleep** 眠る, 寝入る

▶ I talked to Jake on the phone before I **went to sleep**.
(寝る前に私はジェイクと電話で話しました。)

1300 **half an hour** 30分

▸ Kate will be back in **half an hour**.（ケイトは30分で戻ってくるでしょう。）

1301 **have back ～** ～を取り戻す，～を返してもらう

▸ Could I **have** my book **back**?（私の本を返してもらっていいでしょうか。）

1302 **hear of ～** ～のことを耳にする

▸ I've never **heard of** the rock band.
（私はそのロックバンドのことを聞いたことが一度もありません。）

関連 **hear from ～**（～から連絡がある）

1303 **hundreds of ～** 何百もの～

▸ My father has **hundreds of** CDs.（父は何百ものCDを持っています。）

関連 **thousands of ～**（何千もの～）

1304 **hurry to ～** ～へ急ぐ

▸ I **hurried to** the station to catch the last train.
（最終電車に間に合うように駅へ急ぎました。）

1305 **in a ～ way** ～の方法で

▸ People cook fish **in** many **ways**.（人々は魚をいろいろな方法で調理します。）

1306

in fact
実は，実際は

▶ I've lived in Japan for one year. But **in fact**, I can only speak English.
（私は1年間日本に住んでいます。しかし実際，英語しか話せません。）

1307

in the middle of ～
～の真ん中に

▶ My father got home **in the middle of** the night.（父は真夜中に帰ってきました。）

1308

jump into ～
～に飛びこむ

▶ Tom **jumped into** the river to save the girl.
（トムはその女の子を助けるために川に飛びこみました。）

1309

keep in touch with ～
～と連絡を取り合う

▶ I **keep in touch with** my Canadian friend by e-mail.
（私はEメールでカナダ人の友だちと連絡を取り合っています。）

1310

last time
この前のとき，前回

▶ You made pizza for me **last time**.（この前あなたは私にピザを作ってくれました。）

1311

leave a message
伝言を残す，伝言を頼む

▶ Did George **leave a message** for me?（ジョージは私に伝言を残しましたか。）
このleaveは「**預ける，残す**」という意味。

1312 **leave for ～** ～へ出発する

▶ Mr. Thompson is **leaving for** London tomorrow.
(トンプソンさんは明日ロンドンへ出発します。)

1313 **less than ～** ～未満の

▶ I got this camera for **less than** 200 dollars.
(私はこのカメラを200ドル未満で買いました。)
関連 **more than ～** (～以上, ～よりもっと)

1314 **look after ～** ～の世話をする

▶ Ms. Smith **looks after** three dogs. (スミスさんは3匹のイヌの世話をしています。)

1315 **look around ～** ～を見て回る

▶ Sally wants to **look around** Tokyo. (サリーは東京を見て回りたいと思っています。)

1316 **lose my way** 道に迷う

▶ I was trying to go to the City Hall, but I **lost my way**.
(市役所へ行こうとしていましたが, 道に迷ってしまいました。)

1317 **make A into B** AをBにする

▶ He **made a famous detective story into a movie**.
(彼は有名な推理小説を映画にしました。)

1318 **make a mistake** 間違える, 間違いをする

▶ Don't be afraid of **making mistakes**.（間違えることを恐れてはいけません。）

×do a mistakeとは言わない。makeを使う。

1319 **more popular than before** 以前よりも人気のある

▶ In Japan, basketball is **more popular than before**.
（日本ではバスケットボールは以前よりも人気があります。）

1320 **more ～ than usual** いつもより多くの～

▶ Bob ate **more** bread **than usual** this morning.
（ボブは今朝いつもより多くのパンを食べました。）

1321 **move away** 去る

▶ Mary **moved away** from Japan in July.
（メアリーは7月に日本から去りました。）

1322 **no other ～** ほかの～はない

▶ I knew the song. But **no other** students knew it.
（私はその歌を知っていました。しかしほかの生徒はそれを知りませんでした。）

1323 **not only A but also B** AだけでなくBも

▶ Janet speaks **not only English but also Spanish**.
（ジャネットは英語だけでなくスペイン語も話します。）

1324 **on business** 仕事で，商用で

▶ Mr. Barton came to Tokyo **on business**.（バートンさんは仕事で東京へ来ました。）

1325 **on his farm** 彼の農場で[に]

▶ I went to visit my uncle **on his farm**.（私は農場にいるおじを訪ねに行きました。）

1326 **on your right** あなたの右手に

▶ Walk straight for a few minutes, and you will see the building **on your right**.（数分まっすぐ歩くとあなたの右手にその建物が見えますよ。）

関連 **on your left**（あなたの左手に）

1327 **on stage** ステージ[舞台]に出て

▶ There were three famous singers **on stage**.（3人の有名な歌手がステージに出ていました。）

1328 **on the top of ～** ～のてっぺん[頂上]に

▶ There is a flag **on the top of** the building.（その建物のてっぺんに旗があります。）

1329 **put together ～** ～を寄せ集める

▶ Karen **put** pieces of wood **together** to make a chair.（カレンはいすを作るために木片を寄せ集めました。）

1330 **remember visiting** 訪れたことを覚えている

▶ I **remember visiting** Hokkaido five years ago.
(5年前に北海道を訪れたことを覚えています。)

1331 **return home** 帰郷する，帰省する

▶ My sister is studying in France now. She'll **return home** next month.
(私の妹は今フランスで勉強をしています。彼女は来月帰省するつもりです。)

1332 **share A with B** AをBと共有する

▶ Mark **shares a room with his brother Bill**.
(マークは弟のビルと部屋を共有しています。)

1333 **so scary that I cannot ～** とてもこわいので私は～できない

▶ This story is **so scary that I cannot** read it anymore.
(この物語はとてもこわいので私はこれ以上それを読むことができません。)

1334 **stay with ～** ～の家に泊まる

▶ I'm going to **stay with** my uncle for a week.
(私は1週間おじの家に泊まるつもりです。)

1335 **surf the Internet** インターネットを見て回る

▶ Brian **surfs the Internet** for hours every day.
(ブライアンは毎日何時間もインターネットを見て回ります。)

1336 **take off ～** ～を脱ぐ

▸ It was getting warm, and I **took off** my coat.
（暖かくなってきたので，私はコートを脱ぎました。）

関連 **put on ～**（～を身につける）

1337 **take a break** ひと休みする

▸ Let's **take a break**.（ひと休みしましょう。）

1338 **take a look at ～** ～をひと目見る

▸ Can I **take a look at** your new watch?
（あなたの新しい腕時計をちょっと見てもいいですか。）

関連 **look at ～**（～を見る）

1339 **talk to himself** ひとりごとを言う

▸ Ted often **talks to himself** at the office.
（テッドはよく会社でひとりごとを言います。）

1340 **the other day** 先日

▸ **The other day**, I visited the museum for the first time.
（先日，私は初めてその博物館を訪れました。）

ふつう，**過去の文**で使われる。

1341 **throw away ～** ～を捨てる

▸ John **threw away** his old magazines.（ジョンは古い雑誌を捨てました。）

1342
try our best　全力をつくす

▶ We **tried our best** in the game.（私たちはその試合で全力をつくしました。）

1343
turn on ～　～のスイッチを入れる

▶ Can you **turn on** the heater?（ヒーターのスイッチを入れてくれませんか。）

関連 **turn off ～**（～のスイッチを切る）

1344
wake up ～　～を起こす

▶ My mother **woke** me **up** at 6:00 this morning.
（母は今朝６時に私を起こしてくれました。）

関連 **wake up**（目を覚ます）

1345
walk along ～　～に沿って歩く

▶ Chris **walked along** the road to the stadium.
（クリスはスタジアムまでその道路に沿って歩きました。）

1346
walk around ～　～を歩きまわる

▶ I like **walking around** town.（私は町を歩きまわるのが好きです。）

1347
walk out of ～　～から歩いて出る

▶ Kevin **walked out of** the convenience store.
（ケビンはコンビニエンスストアから歩いて出てきました。）

1348 **walk through ～** ～を通って歩く

▶ Susan and I **walked through** the park.
（スーザンと私は公園を通って歩きました。）

1349 **work on ～** ～に取り組む

▶ Linda is **working on** her report.（リンダはレポートに取り組んでいるところです。）

仕事などに「取り組む」，作品などを「制作する」という意味。進行形で使われることが多い。

1350 **work well** 調子よく動く，うまく機能する

▶ My computer doesn't **work** very **well**.
（私のコンピュータはあまり調子よく動きません。）

チェックテスト

範囲P200～233

1 It's raining. Could you give me a ( ) to the station?

1. chance **2.** present **3.** care **4.** ride

(雨が降っています。駅まで私を車に乗せていただけませんか。)

2 I read about the accident ( ) Internet.

1. on a **2.** on the **3.** on **4.** by the

(私はその事故のことをインターネットで読みました。)

3 Go to bed soon. If you ( ) up too late, you'll oversleep.

1. get **2.** stay **3.** look **4.** give

(すぐに寝なさい。あまり遅くまで起きていると，寝ぼうしますよ。)

4 My father is a famous scientist. I'm ( ) of him.

1. kind **2.** proud **3.** right **4.** agree

(私の父は有名な科学者です。私は彼を誇りに思っています。)

5 John and Chris are my classmates. ( ) them are from Canada.

1. Any of **2.** Some of **3.** Both of **4.** Both

(ジョンとクリスは私のクラスメイトです。両方ともカナダ出身です。)

答え 1 4 2 2 3 2 4 2 5 3

会話表現

英検3級に頻出の会話表現

最後に，英検３級でよく出題される会話表現をまとめました。会話表現は，筆記問題でもリスニングテストでもよく出題されます。それぞれの表現を使った会話例も掲載していますので，表現の意味とともに覚えておきましょう。

英検3級によく出る会話表現

英検3級会話表現

0001 **Sure.** いいですよ。, もちろん。

▶ A: Can you help me?
B: **Sure.**
A: 手伝ってくれますか。
B: もちろん。

依頼に対する応じ方。

0002 **Can you ～?** ～してくれますか。

▶ A: **Can you** fix my bike**?**
B: Yes, I can do it now.
A: ぼくの自転車を直してくれるかな。
B: うん，今やってあげるわ。

相手に**依頼する**ときの言い方。友だちどうしなど，気軽にお願いするときに使われる。

0003 **How many ～?** いくつの～

▶ A: **How many** pages does this dictionary have**?**
B: More than 2,000.
A: この辞書は何ページあるんだい。
B: 2000ページ以上よ。

関連 **How much ～?** (いくらの～)

0004 **Excuse me.** すみません。

▶ A: **Excuse me.** Is this seat taken?
B: Yes, my mother is sitting there.
A: すみません。この席は誰かが座りますか。
B: はい，私の母が座ります。

0005 **How about ～?** ～はどうですか。

▶ A: **How about** playing tennis or reading at the library**?**
B: Let's play tennis.
A: テニスをするか図書館で本を読むのはどう？
B: テニスをしましょうよ。

0006 **I hope ～.** ～だといいと思います。

▶ A: I got you a birthday present. **I hope** you like it.
B: Oh, thank you.
A: きみに誕生日のプレゼントを買ったんだ。気に入ってくれるといいけど。
B: わあ，ありがとう。

0007 **How long ～?** どのくらい長く～

▶ A: **How long** did Rick live in Japan**?**
B: For five years.
A: リックはどのくらい長く日本に住んでいたの？
B: ５年だよ。

時間や期間の長さをたずねるときに使う。

0008 **How is ～?** ～はどうですか。

▶ A: **How is** dinner, Bob**?**
B: It's good, Mom.
A: 夕食はどう，ボブ？
B: おいしいよ，お母さん。

0009 **See you ～.** じゃあ～。

▶ A: I'll pick you up around five. B: OK. **See you** later.
A: ５時ごろ車で迎えに行くよ。 B: わかった。じゃああとで。

別れのときのあいさつ。See you on Saturday.（じゃあ土曜日に），See you soon.（じゃあ近いうちに）のようにも使う。

0010 **Do you want to ～?** ～しませんか。

▶ A: **Do you want to** watch a movie tonight**?**
B: That sounds like fun.
A: 今夜映画を見ないか。
B: 楽しそうね。

toのあとには動詞の**原形**がくる。

0011 **Can I ～?** ～してもいいですか。

▶ A: **Can I** try on this sweater**?**
B: Of course.
A: このセーターを着てみてもいいですか。
B: もちろん。

0012 **That's fine.** いいですよ。, かまいません。

▶ A: I'll call you after lunch. Is that OK? B: **That's fine.**
A: 昼食のあとに電話します。いいですか。 B: いいですよ。

That's OK.もほぼ同じ意味。That'sを使った表現にはThat's great.（それはいいですね。）, That's right.（その通りです。）などもある。

0013 **Thanks for ～.** ～をありがとう。

▶ A: Have you finished reading my comic book?
B: Yes. **Thanks for** lending it to me.
A: ぼくのマンガ読み終わったかい？ B: うん。貸してくれてありがとう。

forのあとに動詞がくるときは**ing形**にする。「～してくれてありがとう」という意味になる。

0014 **All right.** いいですよ。, わかりました。

▶ A: Can you tell me how to make this soup?
B: **All right.**
A: このスープの作り方を教えてくれますか。
B: いいですよ。

0015 **Sounds good.** いいね。

▶ A: Let's go out for dinner tonight. B: **Sounds good.**
A: 今夜夕食に行こうよ。 B: いいね。

相手の提案などを聞いて，それに対して同意を示す。Sounds great.も同じように使われる。

0016 **May I ～?** ～してもいいですか。

▶ A: **May I** see your passport**?**
B: Here it is.
A: パスポートを見せてもらっていいですか。
B: はい，どうぞ。

0017 **Could you ～?** ～してくださいますか。

▶ A: **Could you** tell me how to get to the station**?**
B: Just go down this street.
A: 駅への行き方を教えていただけますか。
B: この通りを行ってください。

相手にていねいに依頼するときの言い方。

0018 **How are you?** 元気ですか。, 調子はどうですか。

▶ A: Hi, Jill. **How are you?**
B: I'm very busy.
A: やあ，ジル。調子はどう？
B: とても忙しいわ。

0019 **Good luck.** 幸運を祈る。, がんばってね。

▶ A: I've studied really hard.
B: **Good luck** on your test.
A: 本当に懸命に勉強したよ。
B: テストがんばってね。

0020 **Welcome to ～.** ～へようこそ。

▶ A: It's my first time here.
B: Oh, **welcome to** our town.
A: ここは初めてなんです。
B: ああ，私たちの町にようこそ。

0021 **I'm afraid ～.** (残念ながら)～ではないかと思います。

▶ A: May I speak to Mr. Anderson, please?
B: **I'm afraid** he is in a meeting.
A: アンダーソンさんとお話ししたいのですが。
B: あいにく会議中かと思います。

望ましくないことや，言いにくいことを伝えるときに使う。

0022 **No problem.** どういたしまして。

▶ A: Thank you for your help.
B: **No problem.**
A: 手伝ってくれてありがとう。
B: どういたしまして。

「ありがとう」など，お礼を言われたときに使う。

0023 **Have a nice ～.** よい～を。

▶ A: **Have a nice** weekend.
B: You, too.
A: よい週末を。
B: きみもね。

0024
How often ～?
何回～，どのくらいの頻度で～

▶ A: **How often** do you go to the gym**?** B: Twice a week.
A: ジムにはどのくらいの頻度で行くの？ B: 週に2回だよ。

回数や**頻度**をたずねる文。答えでは，once（1回），twice（2回），～ times（～回）などの語句がよく使われる。

0025
I'd love to ～.
ぜひ～したいです。

▶ A: What do you want to eat for dinner? B: **I'd love to** eat tempura.
A: 夕食は何が食べたい？ B: 天ぷらがぜひ食べたいわ。
関連 **I'd like to ～.**（～したい。）

I'dはI wouldの短縮形。

0026
Me, too.
私もです。

▶ A: I love this cheesecake.
B: **Me, too.**
A: このチーズケーキ大好き。
B: 私も。

0027
That's all.
それだけです。

▶ A: Anything else?
B: No, **that's all.**
A: 何かほかにいりますか？
B: いいや，それだけです。

0028
That's too bad.
それはいけませんね。，それは残念ですね。

▶ A: I have a fever and a headache.
B: **That's too bad.**
A: 熱があって頭痛がするんだ。
B: それはいけませんね。

0029
Would you like to ～?
～しませんか。

▶ A: **Would you like to** go to a baseball game on Saturday**?**
B: That would be nice.
A: 土曜日に野球の試合に行きませんか。
B: それはいいですね。

Do you want to ～?のていねいな言い方。toのあとは動詞の**原形**。

0030 **Here you are.** はい，どうぞ。

▶ A: Will you pass me the salt?
B: Sure. **Here you are.**
A: 塩を取ってくれますか。
B: ええ。はい，どうぞ。

0031 **I'm sure ～.** きっと～と思います。

▶ A: Do you think Tim will win the contest?
B: **I'm sure** he will.
A: ティムはコンテストで優勝すると思う？
B: きっとすると思うよ。

sureは「確信して」という意味。

0032 **Why don't we ～?** (いっしょに)～しませんか。

▶ A: **Why don't we** go skiing this weekend**?**
B: Sorry, I have plans.
A: この週末にスキーに行かないか。
B: ごめん，予定があるの。

0033 **Certainly.** 承知しました。

▶ A: Could you make me a salad without onions?
B: **Certainly.**
A: サラダはタマネギ抜きでお願いできますか。
B: 承知しました。

0034 **Have fun.** 楽しんでください。

▶ A: I'm going to a rock concert tonight.
B: **Have fun.**
A: 今晩ロックコンサートに行くんだ。
B: 楽しんでね。

0035 **I can't wait.** 待ちきれません。

▶ A: Are you going to New York next week?
B: Yes. **I can't wait.**
A: 来週ニューヨークに行くの？
B: ええ。待ちきれないわ。

0036 **I'm not sure.** わかりません。

▶ A: When will your brother come home?
B: **I'm not sure.**
A: お兄さんはいつ帰ってきますか。
B: さあ，わかりません。

0037 **May I help you?** いらっしゃいませ。，何かお探しですか。

▶ A: **May I help you?**
B: One iced tea, please.
A: いらっしゃいませ。
B: アイスティーを1つください。

店員が客に言う決まった表現。

0038 **My pleasure.** どういたしまして。

▶ A: Thanks for helping me with my homework.
B: **My pleasure.**
A: 宿題を手伝ってくれてありがとう。
B: どういたしまして。

礼を言われたときの返事。It's my pleasure.やIt was my pleasure.とも言う。

0039 **This is ～.** (電話で)～ですが。

▶ A: Hello, **this is** John. Is Lisa there?
B: No. She is shopping.
A: もしもし，ジョンですが。リサはいますか。
B: いいえ。買い物に行っています。

0040 **Why not?** どうして(～ないの)ですか。

▶ A: I cannot go out for dinner today. B: **Why not?**
A: I have a cold.
A: 今日は夕食に出かけられません。 B: どうして(出かけられないの)?
A: かぜをひいているんです。

相手の否定の発言に対して理由をたずねるときに使う。

0041 **Good idea.** いい考えですね。

▶ A: Let's go to the new department store to buy a present for Jimmy.
B: **Good idea.**
A: ジミーのプレゼントを買いに新しいデパートに行こう。
B: いい考えね。

0042
How do you know? どうしてわかるのですか。

▶ A: It's wonderful weather today. But it's going to snow tomorrow.
B: Oh, **how do you know?**
A: 今日はすごくいい天気。でも明日は雪が降るわよ。
B: へえ，どうしてわかる？

0043
How do you like ～? ～はいかがですか。

▶ A: **How do you like** your new bike**?**
B: It's great.
A: きみの新しい自転車はどう？
B: いいわよ。

相手に感想をたずねるときに使う。

0044
Not yet. まだです。

▶ A: Did you finish your homework?
B: **Not yet.**
A: 宿題は終わった？
B: まだだよ。

0045
What is it? どうしたのですか。，何の用ですか。

▶ A: **What is it**, Tony**?**
B: I cannot find my smartphone.
A: どうしたの，トニー？
B: スマホが見つからないんだ。

0046
What's wrong? どうしたのですか。

▶ A: You don't look well. **What's wrong?**
B: I have a stomachache.
A: 具合が悪そうね。どうしたの？
B: おなかが痛いんだ。

様子をたずねるときに使う。

0047
Congratulations. おめでとう。

▶ A: I won the table tennis tournament.
B: **Congratulations.**
A: 卓球のトーナメントで優勝したわ。
B: おめでとう。

☑ 0048
Guess what? どうなったと思いますか。

▶ A: I entered the speech contest. **Guess what?**
B: You won first prize?
A: スピーチコンテストに参加したんだ。どうなったと思う？
B: １位になったとか？

☑ 0049
Here it is. はい，どうぞ。

▶ A: Let me see your notebook.
B: OK, **here it is**.
A: あなたのノートを見せてください。
B: ええ，はい，どうぞ。

相手に**物を手渡す**ときに使われる。

☑ 0050
How can I help you? いらっしゃいませ，どのようなご用でしょうか。

▶ A: Excuse me.　B: Yes, **how can I help you?**
A: I'm looking for jogging shoes.
A: すみません。　B: はい，いらっしゃいませ。
A: ジョギングシューズを探しているんですが。

店での接客などで使われる表現。

☑ 0051
I agree. 賛成です。

▶ A: We should take a bus to the museum.
B: **I agree.**
A: 博物館へはバスがいいよ。
B: 賛成。

☑ 0052
I'll be there. 行きます。

▶ A: Are you coming to the party tonight?
B: Yes, **I'll be there**.
A: 今夜パーティーに来る？
B: ええ，行くわ。

☑ 0053
What about ～? ～はどうですか。

▶ A: What do you want to eat for dinner?
B: Well, **what about** Chinese food**?**
A: 夕食は何が食べたい？
B: そうだな，中華料理はどう？

☑ 0054

What happened? 何があったのですか。

▶ A: You were late for school today. **What happened?**
B: I woke up late and missed the bus.
A: 今日学校に遅刻したわね。何かあったの？
B: 寝ぼうして，バスに乗れなかったんだ。

☑ 0055

What's the matter? どうしたのですか。

▶ A: **What's the matter**, Kathy**?**
B: There's something wrong with my computer.
A: どうしたの，キャシー？
B: 私のコンピューターの調子が悪いのよ。

☑ 0056

Can I help you? いらっしゃいませ。，何かお探しですか。

▶ A: **Can I help you?**
B: A chicken sandwich, please.
A: いらっしゃいませ。
B: チキンサンドイッチをください。

店員が客に言う決まった表現。May I help you? よりもくだけた言い方。

☑ 0057

How far ～? ～はどのくらい遠くで

▶ A: **How far** is your house from the station**?**
B: It's about one kilometer.
A: あなたの家は駅からどのくらい遠いのですか。
B: だいたい1キロです。

距離をたずねる言い方。

☑ 0058

How old ～? ～は何歳

▶ A: **How old** are you, Charles**?**
B: I'm thirteen.
A: 歳はいくつ，チャールズ？
B: 13歳です。

☑ 0059

I'll be right back. すぐに戻ります。

▶ A: Are you going to a convenience store to buy snacks?
B: Yes. **I'll be right back.**
A: コンビニにおやつを買いに行くの？
B: うん。すぐに戻るよ。

0060 I'll think about it. 考えておきます。

▶ A: You should take part in the bicycle race.
B: **I'll think about it.**
A: その自転車レースに参加したら？
B: 考えておくよ。

0061 I'm afraid not. （残念ながら）そうではないようです。

▶ A: Can you go fishing with me tomorrow?
B: **I'm afraid not.** I'm going to a movie with my family.
A: 明日いっしょに釣りに行ける？
B: 行けそうもないな。家族と映画に行くことになっているんだ。

0062 Is ～ there? ～はいますか。

▶ A: Hello, this is Mike. **Is** John **there?**
B: He is at tennis practice. He will be home by 7:00.
A: もしもし，マイクです。ジョンはいますか。
B: テニスの練習中なの。7時までには帰るわ。

電話で使う表現。

0063 Is it for here or to go? こちらでお召し上がりですか，それともお持ち帰りですか。

▶ A: Can I have a hamburger?
B: **Is it for here or to go?**
A: ハンバーガーを1つください。
B: こちらでお召し上がりですか，それともお持ち帰りですか。

ファーストフード店などで使われる表現。

0064 Is this seat taken? この席は空いていますか。

▶ A: **Is this seat taken?**
B: No, it isn't. Go ahead.
A: この席は誰か座っていますか。
B: いいえ。どうぞ。

0065 It's time for ～. ～の時間です。

▶ A: **It's time for** bed, Mark.
B: OK, Mom.
A: 寝る時間よ，マーク。
B: わかったよ，お母さん。

関連 **It's time to ～.** （～する時間です。）

☑ 0066 **It's your turn.** あなたの番です。

▶ A: You are really good at singing, Paul.
B: Thank you. Now, **it's your turn**.
A: あなたは本当に歌がうまいわね，ポール。
B: ありがとう。さあ，きみの番だよ。

☑ 0067 **Maybe you're right.** あなたが正しいのかもしれません。

▶ A: I think everyone should have a smartphone.
B: **Maybe you're right.** But I don't need it.
A: だれもがスマホを持つべきだと思うな。
B: あなたが正しいのかもしれないわ。でも私は必要ないの。

☑ 0068 **Nice talking to you.** 話ができてよかったです。

▶ A: I had a lot of fun tonight.
B: Me, too. **Nice talking to you.**
A: 今夜はとても楽しかったわ。
B: 私も。話ができてよかったです。

☑ 0069 **Not really.** そうでもありません。

▶ A: Are you tired now?
B: **Not really.**
A: 今疲れてる？
B: そうでもないよ。

☑ 0070 **This way, please.** こちらへどうぞ。

▶ A: Excuse me. Where's the cafeteria?
B: **This way, please.**
A: すみません。カフェテリアはどこですか。
B: こちらへどうぞ。

ある場所へ案内するときに使う。

☑ 0071 **What do you think of ～?** ～をどう思いますか。

▶ A: **What do you think of** this TV program**?**
B: It's very interesting to me.
A: このテレビ番組，どう思う？
B: ぼくにはとてもおもしろいよ。

0072 What would you like? 何がほしいですか。

▸ A: I'll make lunch for you. **What would you like?**
B: I'd like spaghetti.
A: 昼食を作るよ。何がいい？
B: スパゲティがいいな。

0073 You don't look well. 具合が悪そうです。

▸ A: **You don't look well**, Ryan.
B: My stomach hurts.
A: 具合が悪そうね，ライアン。
B: 胃が痛いんだ。

0074 You, too. あなたも。

▸ A: Have a nice day.
B: Thanks, Daniel. **You, too.**
A: よい１日を。
B: ありがとう，ダニエル。あなたもね。

0075 Are you OK? だいじょうぶですか。

▸ A: I had a bad headache and I went to the doctor this morning.
B: **Are you OK?**
A: ひどい頭痛がして，今朝医者に行ったんだ。
B: だいじょうぶですか。

0076 Get well soon. お大事に。

▸ A: I broke my leg last weekend.
B: I'm sorry to hear that. **Get well soon.**
A: 先週末に脚を折っちゃって。
B: それは気の毒だね。お大事に。

病気やけがをした人に言う。

0077 Have a seat. (いすに)かけてください。

▸ A: Hi, Kate. Can I come in?
B: Sure. **Have a seat.**
A: こんにちは，ケイト。入ってもいい？
B: もちろん。いすにかけて。

☑ 0078
Help yourself.
自由に召し上がってください。

▸ A: Can I have some cake?
B: Yes. **Help yourself.**
A: ケーキをもらっていいですか。
B: ええ。自由に召し上がってください。

☑ 0079
Here's your change.
おつりです。

▸ A: **Here's your change**, 40 yen.
B: Thanks.
A: おつり，40円です。
B: ありがとう。

☑ 0080
I hope not.
そうでなければいいのですが。

▸ A: Do you think it's going to rain this weekend?
B: **I hope not.**
A: この週末は雨が降るかな。
B: そうじゃなきゃいいけど。

☑ 0081
I'm a stranger here.
私はこのあたりはあまり知りません。

▸ A: Could you tell me the way to the station?
B: Sorry. **I'm a stranger here.**
A: 駅までの道を教えていただけますか。
B: ごめんなさい。このあたりはあまり知らないんです。

☑ 0082
I'm all right.
だいじょうぶです。

▸ A: I heard you fell off your bike. Are you hurt?
B: No, **I'm all right.**
A: 自転車から落ちたって聞いたわ。けがしたの？
B: いや，だいじょうぶだよ。

☑ 0083
I'm coming.
すぐ行きます。

▸ A: Dinner is ready, Greg.
B: **I'm coming**, Mom.
A: 夕食の準備ができたわよ，グレッグ。
B: すぐ行くよ，お母さん。

0084 I'm sorry about ～. ～のことは残念[気の毒]です。

A: My father was in a car accident two weeks ago.
B: **I'm sorry about** that.
A: 父が2週間前に交通事故にあいました。
B: それはお気の毒に。

0085 Is ～ home? ～は在宅ですか。

A: Hello, this is Jim Brown. **Is** your father **home?**
B: Yes. Just a moment.
A: もしもし，ジム・ブラウンです。お父さんは在宅ですか。
B: はい。ちょっと待ってください。

電話で使う表現。

0086 Is something the matter? 何かあったのですか。

A: You look sad, Judy. **Is something the matter?**
B: I didn't do well on my math test.
A: 悲しそうだね，ジュディ。何かあった？
B: 数学のテストがうまくいかなかったの。

0087 Is something wrong? どうかしましたか。

A: **Is something wrong?**
B: I've lost my umbrella.
A: どうかしましたか。
B: 傘をなくしてしまって。

0088 It's time to ～. ～する時間です。

A: **It's time to** get up, Peter.
B: OK, Mom.
A: 起きる時間だよ，ピーター。
B: わかったよ，お母さん。

toのあとには動詞の**原形**がくる。

0089 Just a minute. ちょっと待ってください。

A: Can we have a meeting on Wednesday afternoon, Sally?
B: **Just a minute.** I'll check my schedule.
A: 水曜日の午後に打ち合わせできるかな，サリー？
B: ちょっと待ってください。スケジュールをチェックします。

Just a moment.も同じ意味。

☑ 0090 May I speak to ～? ～さんをお願いします。

▶ A: Hello, this is Becky. **May I speak to** Jane**?**
B: Sorry, she's not here. She'll be back in an hour.
A:もしもし，ベッキーです。ジェーンをお願いします 。
B: すみません，彼女はいません。1時間で戻ってきます。

電話のやりとりで使われる表現。**相手を呼び出してもらうとき**に言う。

☑ 0091 Maybe next time. また次の機会にでも。，また今度。

▶ A: Do you want to go shopping tomorrow?
B: Sorry, I have other plans. **Maybe next time.**
A: 明日買い物に行かない？
B: ごめんなさい，予定があるの。また今度ね。

誘いや提案を断るとき，また断られたときに使われる。

☑ 0092 Me, neither. 私も(～ではない)です。

▶ A: I don't speak Spanish.
B: **Me, neither.**
A: 私はスペイン語は話せません。
B: 私もです。

相手が否定文で言ったことに対して使う。

☑ 0093 Nice to see you. 会えてうれしいです。

▶ A: Hi, Emily. B: Hi, Ted. **Nice to see you.**
A: やあ，エミリー。
B: こんにちは，テッド。会えてうれしいわ。

以前に会ったことのある人に対して使う。初めて会う人にはNice to **meet** you.（はじめまして。）を使う。

☑ 0094 Not at all. どういたしまして。

▶ A: Thank you very much for helping me so much.
B: **Not at all.**
A: たくさん手伝ってくれてどうもありがとう。
B: どういたしまして。

お礼に対して使う。

☑ 0095 Probably not. おそらくしません。

▶ A: Are you going out for dinner with Jim tonight?
B: **Probably not.** I have to finish this work by tomorrow.
A: 今夜ジムと夕食に行くの？
B: たぶん行かないわ。明日までにこの仕事を終わらせなければならないのよ。

0096 Table for ~, please. ～人席をお願いします。

▶ A: How can I help you?
B: **Table for** two, **please**.
A: いらっしゃいませ。
B: 2人席をお願いします。

レストランに行ったときや，予約するときに使う表現。

0097 Take care. じゃあね。, 元気でね。

▶ A: Goodbye, Bob.
B: **Take care**, Laura. See you next week.
A: さようなら，ボブ。
B: じゃあね，ローラ。また来週。

別れるときのあいさつとして使われる。

0098 What do you want me to do? 私は何をしたらいいですか。

▶ A: **What do you want me to do?**
B: Clean the living room first. Then wash the dishes.
A: 何をしたらいい？
B: まず居間をそうじして。それから食器を洗ってね。

0099 What for? 何のためですか。

▶ A: I'm going to the department store.
B: **What for?**   A: To buy a present for my sister.
A: デパートに行くんだ。
B: 何のため？   A: 妹のプレゼントを買うためだよ。

0100 What size would you like? どのサイズがいいですか。

▶ A: I'll get you some coffee. **What size would you like?**
B: Medium, please.
A: コーヒーを買ってくるよ。どのサイズがいい？
B: Mサイズで。

0101 What's the problem? どうしたのですか。

▶ A: Can I talk to you, Mr. Jones?
B: Yes, **what's the problem?**
A: お話しできますか，ジョーンズさん。
B: ええ，どうしたのですか。

☑ 0102
Why don't you ～?
～しませんか。，～してはどうですか。

▶ A: **Why don't you** ask Mike for his advice**?**
B: Good idea.
A: マイクにアドバイスをもらってみたら？
B: いい考えだね。

相手を**誘う**ときや，何かを**提案する**ときに使われる。

☑ 0103
Will you pass me ～?
～を取ってくれますか。

▶ A: **Will you pass me** the sugar, please**?**
B: Sure. Here you are.
A: 砂糖を取ってもらえますか。
B: ええ。はいどうぞ。

何かを自分に取ってもらうときに使う。

☑ 0104
Yes, please.
はい，お願いします。

▶ A: Do you want me to drive you home?
B: **Yes, please.**
A: 家まで車で送りましょうか。
B: はい，お願いします。

☑ 0105
You don't need to.
そうする必要はありません。

▶ A: I'm going to buy the book.
B: **You don't need to.** I'll lend it to you.
A: その本を買うつもりなの。
B: そうする必要はないよ。貸してあげるから。

☑ 0106
You're welcome.
どういたしまして。

▶ A: Thank you for lending me your bike.
B: **You're welcome.**
A: きみの自転車を貸してくれてありがとう。
B: どういたしまして。

「ありがとう」など，お礼を言われたときに使う決まった表現。

☑ 0107
Are you ready?
用意ができていますか。

▶ A: **Are you ready**, Tom**?** We need to leave soon.
B: No. I have to change my shirt.
A: トム，用意はできてる？ すぐ出ないと。
B: いや。シャツを着替えないと。

0108

Attention, ～. ～にお知らせします。

▶ A: **Attention,** shoppers. Today, all shoes are half price.
B: Oh, I should hurry to the third floor.
A: お客様にお知らせします。本日はすべてのくつが半額です。
B: あら，３階に急がなくちゃ。

放送でのアナウンスなどで使われる。

0109

Don't worry. 心配しないでください。

▶ A: I've never played tennis.
B: **Don't worry.** I'll teach you.
A: テニスをしたことは一度もないんだけど。
B: 心配しないで。私が教えるわ。

0110

How exciting! なんてわくわくするんでしょう。

▶ A: Did you know your favorite tennis player is coming to Japan next month?
B: Yes. **How exciting!**
A: あなたの大好きなテニス選手が来月日本に来るのは知ってた？
B: ああ。なんてわくわくするんだろう。

0111

How was the weather ～? ～の天気はどうでしたか。

▶ A: **How was the weather** in Osaka on Saturday**?**
B: It was cloudy.
A: 土曜日の大阪の天気はどうでしたか。
B: くもりでした。

0112

How's ～ going? ～はどうですか。

▶ A: **How's** your work **going?**
B: Pretty good.
A: 仕事はどうだい。
B: とてもうまくいっているわよ。

物事の状況をたずねるときに使う。

0113

I don't think so. 私はそうは思いません。

▶ A: This video game is boring.
B: **I don't think so.**
A: このテレビゲームはつまらない。
B: そうは思わないけどな。

0114 I had a good time.　楽しい時を過ごしました。

▸ A: Did you enjoy your vacation?
B: Yes. **I had a good time.**
A: 休暇は楽しめましたか。
B: ええ。楽しい時を過ごしました。

0115 I hope so.　そうだといいですね。

▸ A: I think Kate will do fine in the contest.
B: **I hope so.**
A: ケイトはコンテストではうまくやれると思うわ。
B: そうだといいね。

相手の発言に対して，**同意を示す**ときに使う。

0116 I see.　わかりました。, なるほど。

▸ A: I study Japanese because I'm interested in Japanese culture.
B: **I see.**
A: 私は日本の文化に興味があるので，日本語を勉強しています。
B: なるほど。

いつでもI see.の形で使い，×I saw.とは言わない。

0117 I think so.　そう思います。

▸ A: Is Sarah from Canada?
B: **I think so.**
A: サラはカナダ出身かしら？
B: そう思うよ。

0118 I'll take it.　それをください。

▸ A: This backpack is 30 dollars.
B: **I'll take it.**
A: このリュックは30ドルです。
B: それをください。

0119 I'm full.　おなかがいっぱいです。

▸ A: Would you like more cake?
B: No, thank you. **I'm full.**
A: もっとケーキをいかがですか。
B: いいえ，けっこうです。おなかがいっぱいです。

TRACK 103

0120 I'm looking for ～. 私は～を探しています。

▶ A: May I help you, sir?
B: **I'm looking for** a tennis racket.
A: 何かお探しですか，お客様。
B: テニスのラケットを探しているのですが。

0121 It's been a long time. 久しぶりですね。

▶ A: **It's been a long time**, George.
B: Yes, how have you been?
A: 久しぶりね，ジョージ。
B: うん，どうしてた？

0122 It's for you. あなたに電話です。

▶ A: Hello, this is Sue. Is Fred there?
B: Yes. Just a minute. **It's for you**, Fred.
A: もしもし，スーです。フレッドはいますか。
B: はい。ちょっと待ってください。きみに電話だよ，フレッド。

0123 I've never been ～. 私は～に一度も行ったことはありません。

▶ A: Have you ever been to London?
B: No. **I've never been** there.
A: ロンドンに行ったことはありますか。
B: いいえ。そこには一度も行ったことはありません。

0124 Let me see. ええと。

▶ A: Are you free tomorrow evening?
B: **Let me see.** Yes, I am.
A: 明日の晩はひまですか。
B: ええと。はい，ひまです。

少し考えるときや，答えがすぐに出ないときに使う。

0125 One ticket for ～. ～のチケットを１枚ください。

▶ A: **One ticket for** the seven o'clock show, please.
B: That will be $30, please.
A: ７時のショーのチケットを１枚ください。
B: 30ドルになります。

0126 Same to you. あなたもね。

▶ A: Have a nice weekend!
B: **Same to you.**
A: よい週末を。
B: あなたもね。

0127 Shall we ～? ～しましょうか。

▶ A: **Shall we** go to the coffee shop near the station**?**
B: Sure.
A: 駅の近くのコーヒーショップに行きましょうか。
B: ええ。

相手を誘うときに使う表現。**Let's ～.（～しよう。）**とほぼ同じ意味。

0128 That's a good idea. それはいい考えです。

▶ A: Why don't we give these books to the library?
B: **That's a good idea.**
A: これらの本を図書館に寄付するのはどうかしら？
B: それはいい考えだね。

0129 That's terrible. それはひどいですね。

▶ A: Jeff broke his leg in a car accident.
B: **That's terrible.**
A: ジェフが自動車事故で足を折ったの。
B: それはひどいね。

0130 That's very kind of you. どうもご親切に。

▶ A: I'll drive you to the station.
B: **That's very kind of you.**
A: 駅まで車で送りましょう。
B: どうもご親切に。

チェックテスト

範囲P236～257

1 (　　) going out for dinner tonight? —Sounds good.
1. How often　**2.** How long
3. How much　**4.** How about
(今夜夕食にでかけるのはどう？—いいね。)

2 Are you going to see a baseball game this weekend?
— Yes. (　　)
1. It's for you.　**2.** Good luck.
3. Have fun.　**4.** I can't wait.
(この週末に野球の試合を見に行くのかい。—うん。待ちきれないよ。)

3 Is your brother home from school? — No, (　　).
1. not yet　**2.** no problem　**3.** that's all　**4.** I agree
(お兄さんは学校から帰っていますか。—いいえ, まだです。)

4 Can I have a chicken sandwich? — (　　)
1. It's your turn.　**2.** How can I help you?
3. Is it for here or to go?　**4.** Yes, please.
(チキンサンドイッチをもらえますか。—こちらでお召し上がりですか, それともお持ち帰りですか。)

5 This wallet is 55 dollars. — It looks nice. (　　)
1. I'm full.　**2.** I'll take it.
3. I'm afraid not.　**4.** I'll be there.
(この財布は55ドルになります。—すてきですね。それをください。)

答え　1 4　2 4　3 1　4 3　5 2

英検3級英単語1350さくいん

この本に見出し語として出てくる単語・熟語 1350 語をアルファベット順に配列しています。
□※数字は掲載ページです。

A

B

C

D

E

F

G

H

G H

I

J

K

L

M

L
M

N

O

P

O
P

Q

R

S

T

U

V

W

Y

データ作成	(株)ジャレックス
編集協力	小縣宏行, 佐藤美穂, 宮崎史子, 敦賀亜希子, 脇田聡, 渡辺泰葉, 秋下幸恵
英文校閲	Joseph Tabolt
録音	(財)英語教育協議会(ELEC)
ナレーション	Howard Colefield, Karen Haedrich, 水月優希
DTP	(株)明昌堂
デザイン	高橋明香
キャラクターイラスト	加納徳博
イラスト	大河原一樹(p.24〜29), 鴨井猛(p.30〜33), ゴロゥ(p.34〜41)

※赤フィルターの材質はPETです。

本書に関するアンケートにご協力ください。
右のコードからアクセスし、
以下のアンケート番号を入力してご回答ください。
ご協力いただいた方の中から抽選で「図書カードネットギフト」を贈呈いたします。
アンケート番号：305775

ランク順英検3級英単語1350 新装版

本書は弊社より2018年3月に刊行された『ランク順英検3級英単語1350』の新装版です。

④ データ管理コード：24-2031-1785 (CC2014/2021)